falter 5

JÖRGEN SMIT

MEDITATION UND CHRISTUS-ERFAHRUNG

Wege zur Verwandlung des eigenen Lebens

VERLAG FREIES GEISTESLEBEN

CIP-Titelaufnahme der Deutschen Bibliothek

Smit, Jörgen:
Meditation und Christus-Erfahrung:
Wege zur Verwandlung des eigenen Lebens/Jörgen Smit. –
2. Auflage – Stuttgart: Verlag Freies Geistesleben, 1990
(Falter; 5)

ISBN 3-7725-1055-8

NE: GT

2. Auflage 1990
Schutzumschlag: Doris Hecht;
Typographie: Walter Schneider

Druck: Offizin Chr. Scheufele, Stuttgart
Bindearbeit: Riethmüller, Stuttgart

Inhalt

1. Der Beginn eines Erkenntnisweges

Wenn Menschen heute nach meditativen Wegen suchen, um ihr Bewußtsein zu erweitern, so richtet sich der Blick sehr schnell weg von dem alltäglichen, durch das naturwissenschaftliche Weltbild geprägten Denken hin auf andere Bewußtseinsformen, die mit diesem Denken dann oft in keinerlei Beziehung mehr stehen.

Der meditative Erkenntnisweg der Anthroposophie geht dagegen ganz bewußt von diesem Alltagsbewußtsein aus und versucht zunächst, dessen Grenzen erfahrbar zu machen. Es geht auf diesem Erkenntnisweg nicht darum, etwas Altes zugunsten eines Neuen einfach aufzugeben, sondern es wird dieses durch das naturwissenschaftliche Weltverständnis geprägte Bewußtsein selbst erweitert. Diese Erweiterung geschieht nun aber nicht durch Spekulationen oder Hypothesen, sondern durch die Ausbildung neuer Fähigkeiten, die eigentlich in jedem Menschen vorhanden sind, aber – sie schlafen.

Es geht also darum, Entwicklungsmöglichkeiten und Fähigkeiten zu erwecken, zur Entfaltung zu bringen, und nicht darum, etwas Fremdes in unser Bewußtsein hineinzusetzen oder ihm überzustülpen. Wir müssen lernen wahrzunehmen, wo Entwicklungsmöglichkeiten liegen, Keime, die schon da sind und die dann weitergeführt werden können über die Grenzen unseres Bewußtseins hinaus.

Diese Bewußtseinserweiterung dürfen wir uns nicht zu gering vorstellen, im Gegenteil, sie kann der Möglichkeit nach gewaltig groß sein, nur müssen wir eben ganz klein anfangen.
Um diese Stufen der Bewußtseinserweiterung zu verstehen, können wir einen Vergleich wählen:

Höheres Bewußtsein
|
Alltägliches Bewußtsein
|
Schlafbewußtsein

In der Skizze haben wir in der Mitte unser alltägliches Bewußtsein. Darunter liegt das Schlafbewußtsein (das Traumbewußtsein bleibt bei diesem Vergleich außer acht). Schlafbewußtsein heißt hier Tiefschlaf ohne Träume, wo das Bewußtsein so dunkel ist, daß keine Inhalte da sind. Es gibt allerdings den Schlafwandler, der auch in diesem Bewußtsein etwas tun kann, aber er weiß dann nichts davon. Es herrscht hier also tiefe, dunkle Finsternis.

Wir brauchen dieses Bewußtsein jede Nacht für die Gesundheit unseres wachen Tagesbewußtseins, aber wir können im Tiefschlaf eben nicht ausführen, was wir im Wachen tun können.

Über diesem Wachen liegt nun jenes höhere Bewußtsein, und zwar genau um so viel höher, wie das Schlafbewußtsein darunter liegt. Und so wie wir vom Wachbewußtsein aus auf das Schlafbewußtsein herunterschauen, in dem wir nichts wissen von dem, was wir tun und was um uns herum vorgeht, so können wir, wenn wir jenes höhere Bewußtsein in seiner vollen Stärke erlangt haben, herunterschauen auf unser alltägliches Bewußtsein; das verliert dadurch seine Bedeutung nicht, so wie das Schlafbewußtsein seine Bedeutung nicht verliert dadurch, daß das Wachbewußtsein da ist.

Wir können aber vom höheren Bewußtsein aus auf das Wachbewußtsein herunterschauen, und alles, was wir da tun, erscheint jetzt wie die Schlafwandlertätigkeit vom Wachen aus gesehen.

Im Wachen wissen wir, vom höheren Bewußtsein aus betrachtet, noch gar nicht, worum es eigentlich geht. Die sonderbarsten Dinge werden da gemacht, wo derjenige, der da handelt, nicht einmal weiß, was er eigentlich tut.

Wenn wir jetzt das alltägliche Bewußtsein mit dem Schlafbewußtsein vergleichen, dann sehen wir das Charakteristische dieses Tagesbewußtseins: Wir stützen uns bei dessen Inhalten immer ab auf Wahrnehmungsinhalte, auf alles das, was wir sehen, hören, tasten, schmecken, riechen, und dann bilden wir Vorstellungen und schließlich Erinnerungen. Dieses Bewußtsein hat zunächst keine anderen Inhalte als die auf Wahrnehmungen oder Erinnerung an Wahrnehmungen zurückzuführenden. Nur während des Schlafes sind alle diese Sinneseindrücke weg, wir haben auch keine Erinnerungsvorstellungen im Schlaf.

Nun kann man sich fragen: Gibt es eine Möglichkeit, über dieses Wachbewußtsein hinaufzusteigen, so daß man nicht mehr angewiesen ist auf die Inhalte der Sinneswahrnehmungen, Vorstellungen und Erinnerungen und trotzdem dabei wach bleiben kann? Läßt sich in der Seele eine Kraft erwecken, die so stark ist in ihrer eigenständigen Tätigkeit, daß sie sich selbst trägt bei wachem, hellem Bewußtsein und nicht sich abstützen muß auf die Sinneswahrnehmung?

Das ist zunächst eine offene Frage, denn es könnte ja sein, daß es nicht möglich wäre. Ob es eine solche Kraft oder wenigstens den Keim dazu wirklich gibt, das ist nur empirisch festzustellen.

Ich möchte einen solchen Keim beschreiben, den jeder Mensch in sich selbst auffinden kann. Es ist dies noch nicht das höhere Bewußtsein selbst, noch nicht diese höhere Kraft, aber es ist verwandt mit ihr: Es ist etwas, das man den ‹inneren Beobachter› nennen kann.

Jeder erwachsene Mensch, von Ausnahmen abgesehen, hat diesen inneren Beobachter, eine Instanz, die alles, was man tut, was man denkt, fühlt oder will, gleichzeitig beobachtet und fragt: Was machst du da, was geht da vor sich?

Diesen Beobachter in dieser ersten Phase, wo er nur punktuell ist, in sich zu erfahren, kann sehr frustrierend sein. Ja, es gibt sicher auch Menschen, die meinen, daß es diesen Beobachter eigentlich nicht geben sollte. Denn wenn der innere Beobachter ständig anwesend ist, dann kann man sich nicht mehr spontan entfalten. Wenn man sich in der Begegnung mit anderen Menschen spontan entfalten will, dann kann man doch diesen inneren Beobachter nicht brauchen, der einfach nur daneben steht und das Ganze wie ein Theaterstück betrachtet, es mit guten oder schlechten Bemerkungen kommentiert.

Aber dieser Punkt des Selbstbeobachtens, der, solange er nur unser spontanes Handeln stört, sehr frustrierend wirken kann, der trägt eine Entwicklungsmöglichkeit in sich, wo er dann nicht im geringsten stört. Man kann sich ganz in diesen Punkt hineinversetzen und läßt die sonst übliche Haltung einfach ruhen, nicht den ganzen Tag, aber vielleicht fünf bis zehn Minuten lang.

Dieser Keim, der im alltäglichen Bewußtsein schon vorhanden ist, kann nun beginnen zu wachsen – dann aber wirkt er ganz anders. Eine neue Blüte kann da beginnen, sich zu entfalten: Ruhe – ohne eine Störung durch das alltägliche Leben. Das ist etwas, das völlig neu entsteht; eine neue Welt kann da beginnen aufzublühen. – Wo sich diese innere Entfaltungsmöglichkeit auftut, kann der meditative anthroposophische Erkenntnisweg ansetzen.

Es sollen im Folgenden verschiedene Elemente dieses Vorganges beschrieben werden.

Die Rosenkreuzmeditation

Eine der grundlegenden Meditationen, die Rudolf Steiner am ausführlichsten dargestellt hat (in: «Die Geheimwissenschaft im Umriß» in dem Kapitel «Die Erkenntnis der höheren Welten», Gesamtausgabe Bibl.Nr.13), ist die sogenannte ‹Rosenkreuzmeditation›. Sie soll hier als Ausgangspunkt genommen werden, und von dort aus können dann weitere Schritte des meditativen Erkenntnisweges der Anthroposophie beschrieben werden.

Zunächst ist es wichtig, sich klarzumachen, daß diese Meditation in vier Stufen verläuft. Man muß diese Stufen nicht alle auf einmal beherrschen, sondern man beginnt mit der ersten Stufe – auch das hat schon einen Wert in sich –, geht dann über zur zweiten usw., ohne sich gezwungen zu fühlen, gleich alle vier zu beherrschen.

Die erste Stufe der Rosenkreuzmeditation besteht in ihrem gedanklich-empfindungsmäßigen Aufbau vom alltäglichen Bewußtsein aus. Diese Stufe ist für die Meditation unabdingbar, sie ist die Vorstufe der eigentlichen Bildmeditation. Wenn man diese Stufe überspringt, verliert die ganze Meditation ihre Kraft.

Es beginnt mit einem einfachen Vergleich:

Man stelle sich eine Pflanze vor, draußen in einem Garten, ihre Wurzeln, die sie in der Erde halten und mit denen sie ihre Nahrung aufnimmt, ihren Stengel, der sie über die Erde erhebt, ihre grünen Blätter, die das Licht verarbeiten, und schließlich ihre Blüte. Dann mache man sich bewußt, daß diese Pflanze ihr ganzes Leben über immer an ein und demselben Ort bleibt. Dabei ist alles, was sich in der Pflanze entwickelt, vorbehaltlos und harmonisch eingegliedert in das ganze Weltenall. Es gibt nicht die geringste Neigung zur Opposition oder zum Widerstand gegen die Umgebung, alles befindet sich in schönster Harmonie.

Nun stelle man sich daneben einen Menschen vor. Man sieht sofort die unendlich viel größeren Möglichkeiten, die er gegenüber einer Pflanze hat, dadurch, daß er sich im Raum bewegen kann und nicht das ganze Leben über nur an einem Ort bleiben muß. Der Mensch bewegt sich frei – nicht nur physisch auf der ganzen Erde, sondern auch geistig-seelisch –, Neues aufbauend, was vorher nicht vorhanden war, sein ganzes Wesen ragt weit über das der Pflanze hinaus.

Doch gleichzeitig hat der Mensch etwas in sich, was genauso weit unter das Wesen der Pflanze hinunterreicht. Denn in dieser frei sich entfaltenden Tätigkeit kommen Leidenschaften und Triebe zum Ausbruch, die so gerichtet sind, daß sie zerstörerisch wirken: Haß, Neid, Verrat, Lüge, ja sogar Mord – und zwar nicht nur nach außen gerichtet, sondern durchaus auch selbstzerstörerisch, bis hin zum Selbstmord.

Der Mensch reicht also gleichzeitig höher und tiefer über die Pflanze hinaus: Er hat die Möglichkeit zur freien Tätigkeit oder zum Absturz in die Leidenschaften und Triebe, in die Zerstörung der ganzen Erde, einschließlich der eigenen Existenz.

Ausdruck dieses Verhältnisses ist das rote Blut des Menschen im Unterschied zum grünen Saft der Pflanze. Diese Qualitäten muß man nun versuchen zu empfinden: seligste Harmonie im Grün der Pflanze und ernste Stimmung in dem Rot des Blutes.

Was heißt in diesem Zusammenhang ‹ernst›? – ‹Ernst› bedeutet hier, daß beide Möglichkeiten in diesem Blut vorhanden sind: der Aufstieg nach oben und der Absturz nach unten. Ein Mensch kann vor einer großen Entscheidung stehen, und es kann sich etwas sehr Großes daraus ergeben, es kann aber auch vollständig schief gehen. Das ist dann diese ‹ernste› Stimmung, die man auch als Entscheidungsstimmung bezeichnen könnte, und die unterscheidet sich sehr stark von der Stimmung, die man bei dem Grün der Pflanze hat. Bei der Pflanze ist alles festgelegt, beim Menschen ist es völlig offen, wie er sich entwickeln wird.

Er kann z.B. beginnen, an diesen Leidenschaften und Trieben zu arbeiten, denn die Triebe und Leidenschaften sind prinzipiell *nicht niedrig* – sie sind *objektive* Wesenskräfte –, es kommt nur darauf an, in welchem Zusammenhang sie sich entfalten. Die Kräfte selbst sind nicht niedrig, aber es liegt etwas Niedriges in ihnen, das sich da zeigt, wo es ins Zerstörerische geht. Dieses Niedrige an den Trieben und Leidenschaften kann der Mensch jetzt in sich selbst wahrnehmen und sehen, daß alles dieses eigentlich zum Tode führt, zur Zerstörung. Man verspürt diese Qualität des zum Tode Führenden ganz deutlich, und eine weitere Empfindung ist dann: Das Niedrige an den Trieben und Leidenschaften stirbt – nicht die Leidenschaften und Triebe selbst sterben, sondern das, was niedrig an ihnen ist, das trägt den Tod in sich, das kann man sterben lassen. Das ist zugleich die Voraussetzung für eine Höherentwicklung des Menschen, denn jetzt wird das Blut anders. Wenn dieses Absterben stattfindet, dann wird das Blut zum Ausdruck des gereinigten Seelenlebens.

Wenn man mit diesem inneren Empfindungsbild beim Aufbau der Rosenkreuzmeditation nun innerlich zur Pflanze zurückgeht, dann kann man sich dabei eine *Rose* vorstellen und sehen, daß in ihren roten Blütenblättern dieselbe ausgewogene Harmonie herrscht wie in dem Grün ihrer Blätter.

Die rote Rose wird nun bewußt als *Sinnbild* für dieses von den Leidenschaften und Trieben gereinigte Blut gewählt. Die Voraussetzung dafür ist aber der Durchgang durch den Tod des Niedrigen in den Leidenschaften und Trieben im Seelenleben des Menschen.

Jetzt wählt man als nächstes ein Symbol für diesen Sterbeprozeß: ein *schwarzes Kreuz* – das Bild des Todes. Das Kreuz wird zum Sinnbild für alles, was an den Leidenschaften und Trieben in die Zerstörung, in die Disharmonie, in den Tod führt. Alles, was so den Tod in sich trägt, wird zu diesem Bild des schwarzen Kreuzes verdichtet. Und aus diesem Kreuz läßt man nun sieben rote Rosen in einem Kreis strahlend hervorblühen, genau an der Stelle, wo die Balken des Kreuzes sich schneiden.

Dieser ganze bisher beschriebene Vorgang ist die erste Stufe der Rosenkreuzmeditation: In dem Vergleich von Pflanze und Mensch wird etwas aus dem alltäglichen Bewußtsein übernommen, aber es wird bewußt gewählt und zusammengestellt, und dabei entsteht ein Bild.

Aber dieses Bild kann stark oder schwach sein, je nachdem, wie stark die Gedankenführung beim Aufbau des Bildes ist. Außerdem wird die Intensität des Bildes durch die Empfindungen verstärkt, die den Aufbau durch die Gedanken begleiten. Wenn man den Vergleich von Pflanze und Mensch nur gedanklich ausführt, ohne ihn mit Empfindungen zu begleiten, dann bleibt das Bild kalt und blaß. Je intensiver man sich mit seinen Empfindungen und Gefühlen in das gedanklich aufgebaute Bild einlebt, um so intensiver wird es einem erscheinen. Jeder der beschriebenen Schritte muß mit vollem Bewußtsein gedanklich aufgebaut und gefühlsmäßig durchdrungen werden: das Grün der Pflanze, ihre Harmonie mit der Umgebung – das Rot des menschlichen Blutes und die beiden Möglichkeiten des Aufstiegs nach oben oder des Sturzes in das Zerstörerische der Triebe – die ‹ernste› Stimmung in der Entscheidungssituation des Menschen usw. Dann entsteht bei dem Gedanken der Möglichkeit einer Höherentwicklung in dem Gang durch den Tod ein Gefühl der Beglückung, und dadurch wird das Bild, das man so aufgebaut hat, tief empfindungsgesättigt.

Nun folgt die zweite Stufe der Rosenkreuzmeditation, wo es darum geht, sich ganz in das aufgebaute Bild hineinzuversenken: Man vertieft sich mit seiner ganzen Kraft in das Bild des schwarzen Kreuzes mit den sieben strahlenden roten Rosen, die in der Mitte des Kreuzes aufblühen. Dabei entfallen nun aber alle Gedanken und Überlegungen, die man sich vorher gebildet hat, denn die gehören zur ersten Stufe. Das Ergebnis dieser aufbauenden Gedankenarbeit gießt sich hinein in die Intensität der Empfindung des Rosenkreuzes.

Wenn die Aufbauarbeit in Gedanken nicht ordentlich geleistet wurde, kommt es zu keinem intensiven Bild auf dieser zweiten Stufe. Daher läßt sich die erste Stufe auch nicht einfach überspringen. Zuerst muß der gedankliche *Aufbau* geleistet worden sein, dann kommt die eigentliche Bildmeditation: das tiefe *Empfinden* des Bildes.

Nun wird es immer so sein, daß dieses Bild bei einigen Menschen in hellen, klaren Farben auftritt, bei manchen sogar so stark, daß es stärker erscheint als beim physischen Sehen. Bei anderen dagegen kann es sein, daß sie das Bild nur ganz schwach vor sich sehen, und wenn die Rosen schließlich erscheinen, dann sind sie grau anstatt strahlend rot.

Es kommt hierbei jedoch gar nicht so sehr auf den Erfolg in der Stärke des Bildes an, sondern allein auf die innere Anstrengung, die man aufbringen muß, auf die Bemühung um die Sache. Denn um die Bildmeditation durchzuführen, muß eine zusätzliche Kraft im Innern aufgewendet werden, die beim äußeren Wahrnehmen nicht betätigt zu werden braucht. – Wenn ein äußerer Gegenstand angeschaut wird, oder wenn ein Erinnerungsbild wachgerufen werden soll, dann entsteht das wie von selbst, ohne besonderes Zutun. Bei der Bildmeditation aber gibt es keine äußeren oder inneren Vorgaben und Beweggründe – hier muß das Bild aus ureigenster Kraft selbst *erzeugt* werden.

Nun kann dieses Bild aber so auftreten, daß es sehr weit entfernt erscheint, und man versucht, näher heranzukommen. Hier ergibt sich eine neue Qualität, wenn es gelingt, nicht *vor* dem Bild zu bleiben und es bloß zu betrachten, sondern *in* dem Bild selbst zu leben. Das bedeutet, daß es jetzt keinen Betrachter und kein Betrachtetes mehr gibt, sondern daß das Ganze ein einziges Geschehen wird, das man erlebt und empfindet. Damit ist die zweite Stufe der Rosenkreuzmeditation erreicht.

Nun könnte man sich fragen, warum es gerade sieben Rosen sein müssen, die in dem schwarzen Kreuz aufblühen sollen – zunächst kommt es doch nur darauf an, daß das Absterbende im Symbol des schwarzen Kreuzes und das Aufblühende im Symbol einer roten Rose erfaßt wird. – Das ist natürlich richtig – der Kontrast zwischen dem Absterbenden und dem Aufblühenden steigert sich aber, wenn es nicht nur eine Rose ist, was durchaus möglich ist, sondern mehrere. Warum dann aber gerade sieben? Wenn sieben Rosen meditiert werden, dann ist zunächst wichtig, daß diese aus einem Guß erscheinen und nicht nur aneinander gestückelt. In der Zahl Sieben liegt aber zusätzlich eine besondere Qualität, die sich auch in großen zeitlichen Entwicklungsrhythmen zeigt, und das verstärkt einfach das Ergebnis der Meditation. Es ist jedoch nur ein Vorschlag, den man annehmen kann oder nicht, eine zwingende Regel gibt es nicht. Es läßt sich ebensogut auch nur eine Rose vorstellen, aber die wirkt eben nicht so stark.

Es stellt sich unter Umständen während der Meditation aber noch ein anderes Problem: Durch die innere Anstrengung kann es passieren, daß man sich körperlich verkrampft, weil die Kraft, die innerlich aufgebracht werden muß, dann nicht in die Bildtätigkeit hineingeht, sondern plötzlich in die Muskeln abgleitet. Dieses Abgleiten verspürt man dann hinterher als Verspannung im Hals oder anderswo, es kann aber auch in einem Knirschen der Zähne zum Ausdruck kommen.

Um das zu verhindern, ist es ratsam, vor der Meditation eine ganz entspannte, aufrecht sitzende Haltung einzunehmen und zu prüfen, ob bei beginnender Übung sich nirgends im Körper solche Verspannungen ergeben.

Nun folgt die dritte und vierte Stufe. Viele

Menschen führen diese beiden Stufen überhaupt nicht durch, sondern bleiben beim Aufbau und bei der Bildmeditation stehen. Das ist voll berechtigt, denn beide haben ihren für sich bestehenden Wert.

Die dritte Stufe besteht dann aber darin, daß das Bild *verschwindet* und alle Aufmerksamkeit auf jene *Kräfte* in der Seele gerichtet wird, die das Bild hervorgebracht haben. Das ist zunächst nicht einfach, denn meistens wird dabei gar nichts erlebt. Man kehrt dann zu den beiden ersten Stufen zurück und versucht, diese zu verstärken. Ist das in ausreichendem Maße erfolgt, dann gelingt es schon eher, daß das Bild nun ausgelöscht und die Aufmerksamkeit allein auf die seelischen Kräfte, die das Bild erzeugt haben, gelenkt werden kann. Ganz in diesen Kräften zu leben, das gelingt freilich zunächst nur für kurze Augenblicke. Aber je mehr dieses geübt und verstärkt wird, können die kurzen Momente auch ausgedehnt werden.

Auf der vierten Stufe, die dann folgt, werden auch noch die Kräfte, die das Bild erzeugt haben, ausgelöscht, und die Aufmerksamkeit richtet sich nur noch auf das *geistige Wesen*, das diese Kräfte hevorgebracht hat. Dabei wird es in der Regel so sein, daß zu Anfang überhaupt nichts im Bewußtsein erscheint, auf das die meditative Aufmerksamkeit gerichtet werden könnte.

Auch hier muß man dann wieder zu den vorhergehenden Stufen zurückkehren und den Aufbau, das Leben im Bild und die Meditation der Kräfte erneut verstärken. Wenn man jetzt, nach oft sehr langer Übung, zur vierten Stufe übergeht, dann wird die *innerste*, *geistige* Wesenskraft in der Seele bewußt.

Um die vierte Stufe, die sehr schwierig ist, vorzubereiten, gibt es ein kleines Hilfsmittel, das hier beschrieben werden soll.

Man stelle sich in einem großen Bild die ganze Menschheitsentwicklung vor, und nun denke man sich, kein einziger Mensch könnte im Laufe dieser Entwicklung die Rosenkreuzmeditation durchführen. Nachdem man sich das vorgestellt hat, macht man sich klar, daß es ja doch möglich ist, aber nur dadurch, daß ein ganz individueller Mensch es tut. Dazu muß er eben die innerste, geistige Wesenskraft aufbringen. Und nun richte man die Aufmerksamkeit ganz auf diese innerste Kraft, die es ermöglicht, daß die Rosenkreuzmeditation doch durchgeführt werden kann. Durch diese Hilfsvorstellung kann nun die *Wesensbegegnung* mit dem eigenen höheren Selbst, um die es sich bei der vierten Stufe handelt, vorbereitet werden.

Zusammengefaßt ergibt sich also folgender Aufbau der Rosenkreuzmeditation:

1. Stufe: Gedanklicher Aufbau, von Empfindungen durchdrungen, so stark und tief wie möglich.

Dabei ist die Empfindung bei jeder Vorstellung genauso wichtig wie der Gedankeninhalt.

2. Stufe: Bildmeditation, sich ganz in das Bild einleben, nicht beim Betrachten stehenbleiben.

3. Stufe: Das Bild verschwindet, Konzentration auf die Kräfte, die das Bild erzeugt haben.

4. Stufe: Wesensbegegnung, Konzentration auf das Wesen, das die bilderschaffenden Kräfte hervorgebracht hat.

Nun kann man zunächst, wie schon angedeutet, durchaus bei den ersten beiden Stufen stehenbleiben – vielleicht sogar über Jahre hindurch. Man kann sich dabei aber auch täuschen, denn jeder Mensch kann im allgemeinen viel mehr, als er sich selbst zutraut, nur ist es eben anstrengend, diese Kraftreserven hervorzulocken. Aber man verpaßt auch eine Chance, wenn man immer nur die Kräfte mobilisiert, die man eben gerade zur Verfügung hat, und deshalb bei der zweiten Stufe stehenbleibt: Durch den *Versuch* nämlich, auch wenn er mißlingt, die dritte und vierte Stufe trotzdem zu wagen, wird im Innern eine Kraft geweckt, durch die die erste und zweite Stufe, zu denen man dann zurückkehrt, verstärkt werden. Die Kräfte, die bei der Anstrengung des Versuchs geweckt werden, gießen sich hinein in den Aufbau und die Bildmeditation. Besonders wenn man dann noch die beschriebene Hilfsvorstellung hinzugenommen hat, durch welche die Aufmerksamkeit auf die innerste Wesenskraft gelenkt wurde, kann der Aufbau der Meditation und das Bild des Rosenkreuzes viel deutlicher werden, durch die jetzt spürbar werdende Nähe des eigenen höheren Selbst.

Gedankenkontrolle

Blickt man jetzt von der Rosenkreuzmeditation zurück auf das Alltagsleben, dann stellt sich bald heraus, daß viele Menschen große Schwierigkeiten haben, ihre Gedanken und Empfindungen genügend zu konzentrieren. Sobald sie sich an den Aufbau der Meditation begeben oder in die Bildmeditation einsteigen, beginnen sie plötzlich, an etwas ganz anderes zu denken: Fehlende Konzentration! Es gelingt nicht, sich zu sammeln, die Gedanken verfliegen, werden zerstreut und springen zwischen den verschiedensten Assoziationen hin und her.

In diesen Fällen gibt es die Möglichkeit, zum Alltagsbewußtsein zurückzugehen und jetzt nicht wieder mit dem Aufbau der Meditation zu beginnen, sondern eine vorbereitende kleine Übung durchzuführen: die Gedankenkontrolle.

Die Gedankenkontrollübung befaßt sich nicht mit einem bedeutenden Thema der Menschheitsentwicklung, sondern konzentriert sich auf einen ganz einfachen Gegenstand, etwa ein Taschenmesser, wo es nur darum geht, in kurzer Zeit, vielleicht fünf Minuten lang, Gedanken über dieses Taschenmesser zu bilden. Es kommt darauf an, daß der Gegenstand so einfach wie möglich ist, kein komplexer Zusammenhang, sondern etwas ganz Banales, und darauf, die Gedanken fünf Minuten lang zu konzentrieren und zu beobachten, ob man es schafft, bei der Sache zu bleiben.

Die Kräfte zur Entwicklung eines höheren Bewußtseins hat jeder Mensch in sich, aber sie schlafen, d.h. sie sind normalerweise zerstreut, schweifen in alle möglichen Richtungen und werden daher gar nicht bemerkt. Durch die Konzentration in der Gedankenkontrollübung werden diese Kräfte jetzt auf ein ganz einfaches Thema gerichtet, wo es möglich ist, sich nicht zu verzetteln, und wo man selbst bestimmt, was gedacht wird: Anders als im Alltag, wo das Denken vor allem durch die Fülle der äußeren Sinneswahrnehmungen bestimmt wird, muß es jetzt bewußt geführt und kontrolliert werden.

Man beginnt vielleicht mit der Klinge des Taschenmessers: Aus welchem Material ist es, woher kommt es, wie wird es hergestellt? usw. In jedem Fall ist es wichtig, daß man bei dem bleibt, was man sich vorgenommen hat zu denken. So könnte man auch fünf Minuten lang nur an die Spitze des Taschenmessers denken, was dann aber etwas schwieriger ist, da dann weniger Inhalt vorgegeben ist. Es ist also ratsam, mit etwas mehr Inhalt zu beginnen und den Anfang nicht zu schwierig zu gestalten. Später kann man dann die Übung steigern und sich nur auf die Spitze des Messers konzentrieren. Aber dazu muß eben schon mehr Kraft aufgebracht werden.

Es ist allerdings auch bei der einfachen Übung, wo man das ganze Taschenmesser in Gedanken umkreist, möglich abzuschweifen. Wenn man z.B. an das Material denkt, dann stellt man sich das Eisen vor, wie es als Eisenerz aus dem Bergwerk geholt wird, wie es in Erzadern unter der Erde lagert usw., und man landet dann vielleicht bei der geologischen Entwicklung der Erde. Dann ist man abgeschweift, obwohl man am Thema geblieben ist: die Gedankenkontrolle geht verloren. Es kommt immer darauf an, streng an der Sache zu bleiben und genau zu kontrollieren, was dazugehört und was nicht, was einen vom Thema wegführt und was nicht. Es ist die Kraft der Konzentration, die bei dieser Übung gesteigert werden soll.

Nun ist zu beachten, daß man diese Übung nicht nur einmalig ausführt, denn dann wird die Wirkung sofort überdeckt durch alles, was den Tag über gedacht wird, ohne Gedankenkontrolle. Die kräftigende Wirkung tritt erst ein, wenn man eine Gesetzmäßigkeit berücksichtigt: die Kraft der Wiederholung. Entscheidet man sich, diese

Übung nicht nur einmal, sondern einen Monat, täglich fünf Minuten lang, durchzuführen, dann hat das eine viel stärkere Wirkung; es tritt eine rhythmische Verstärkung der Fähigkeit zur Gedankenkontrolle ein.

Weiterhin kann folgendes passieren: Man führt die Gedankenkontrolle mehrmals durch, und plötzlich zeigt es sich, daß die Qualität am Anfang viel besser war als beim zehnten oder elften Mal. Man sollte doch annehmen, daß eine Übung, je öfter sie getan wird, sich steigert. Das kann hier aber gerade umgekehrt sein. Woran liegt das? Man konzentriert sich vielleicht beim ersten Mal sehr stark, und dann verläuft die Übung gut; sie ist noch neu und daher *interessant*. Dieses erste Interesse aber kann mit der Zeit erlöschen, und jetzt fängt man an, nachlässiger zu werden, unsauberer in der Gedankenführung usw. Wenn das bemerkt wird, ist schon ein erster Schritt getan, es zu ändern. Denn jetzt muß man mehr Kraft aufwenden, um die Übung durchzuführen, weil das Neue, das erste Interesse erloschen ist. Dabei tritt eine weitere wichtige Gesetzmäßigkeit in Erscheinung: Man muß die Übungen um ihrer selbst willen tun, man muß sie lieben. Nur mit Liebe durchgeführte Übungen werden wirklich fruchtbar sein.

Nun ist es interessant zu verfolgen, wie die Gedankenkontrollübung mit der Rosenkreuzmeditation zusammenhängt.

Inhaltlich gibt es zwischen beiden Übungen keine Bezüge, aber die Kraft, die bei der Gedankenkontrolle aufgewendet werden muß, um bei der Sache zu bleiben, ist dieselbe Kraft, die auch bis zur höchsten Stufe der Rosenkreuzmeditation hinführt. Ohne diese Kraft, die im Keim schon bei der Gedankenkontrolle vorhanden ist, wird man die vierte Stufe der Rosenkreuzmeditation nie erreichen. Deshalb lohnt es sich sehr, auf diesen Aufbau des anthroposophischen Erkenntnisweges zu achten, denn je besser man die Übung der Gedankenkontrolle beherrscht, um so intensiver wird man auch die Rosenkreuzmeditation durchführen können.

Eine weitere Frage betrifft die zeitliche Dauer der Rosenkreuzmeditation und der Gedankenkontrollübung, wie überhaupt jeder Meditation.

Zunächst bestimmt man die Dauer vollkommen selbst, je nachdem, wie es sich für einen einrichten läßt. Generell aber läßt sich sagen, daß eine Meditation, die nur für eine sehr kurze Zeit, vielleicht eine halbe Minute, durchgeführt wird, zwar ihre Wirkung haben kann, aber doch nur sehr schwach. Diese kurze Zeitspanne läßt sich aber ausdehnen, bis man für sich ein inneres Gleichgewicht gefunden hat, denn auf der anderen Seite besteht natürlich auch die Gefahr, daß die Übungen zu lange dauern. – So geschah es einmal einem jungen Mann, der Schüler Rudolf Steiners war, daß er die sogenannte ‹Rückschauübung›, die am Abend durchgeführt wird, zwei Stunden lang versuchte zu tun und dabei mit der rückwärtsverlaufenden Überschau auf den zurückliegenden Tag nur bis zum Abendessen kam. Das erzählte er nun Rudolf Steiner, worauf dieser erwiderte, daß es sehr ungesund sei, sich mit der Rückschau so lange aufzuhalten; die Übung lasse sich in höchstens zehn Minuten bewältigen. Der junge Mann fragte, wie er das denn bewerkstelligen solle, da würde er ja nie bis zum Morgen zurückgehen können, die Rückschau müsse aber doch sehr genau gemacht werden. Rudolf Steiner schlug ihm nun vor, er solle ein kleines Stück der Rückschau ganz genau ausführen, den Rest dann aber in einem großen Panoramabogen. Das kleine Stück, das er genau verfolge, würde nach und nach wachsen, und später könne er dann die gesamte Rückschau in fünf Minuten und zugleich präzise durchführen.

Aus diesem Beispiel läßt sich ersehen, daß es bei der zeitlichen Gestaltung der Meditationen auf ganz praktische, sachliche Gesichtspunkte ankommt; d.h. man nimmt sich jeweils gerade so viel vor, wie man in einer vernünftigen Zeit bewältigen kann, strebt dabei aber an, die Intensität nach und nach zu steigern.

2.
Die meditative Verarbeitung der eigenen Biographie

Sowohl die Rosenkreuzmeditation wie auch die Gedankenkontrollübung wecken Kräfte in der eigenen Seele, die in der Anthroposophie als die Fähigkeit zur *Imagination* bezeichnet werden. Diese imaginativen Kräfte gehen aber in eine bestimmte Richtung: Sie befähigen einen, *Lebensvorgänge* bildhaft anschauen zu können, Gedanken in bildhafter Form zu erleben, phantasievoll und schöpferisch gestalten zu können usw. Diese Entwicklungsrichtung könnte durch einen nach oben gerichteten Pfeil symbolisiert werden (vgl. Abb. S. 32). Wenn man durch die angegebene Meditation und andere auf diesem Gebiet zu Erfolgen kommt, dann wird man zunächst begeistert sein, weil man *neue* Kräfte in sich entdeckt, und nun beginnt man, diese Richtung zu verstärken und weitere Meditationen, die in diese Richtung führen, hinzuzufügen. Es gibt hier sehr viele Möglichkeiten der Verstärkung, die an dieser Stelle nicht genannt zu werden brauchen, aber es entsteht auch eine große Gefahr.

Immer wenn ein gewisser Erfolg aufgrund der Meditationen, die zur Imagination führen, sich einstellt (was allerdings nur bei wirklich intensiver Anstrengung geschieht, nicht bei mehr oder weniger sporadischem Üben), entsteht die Gefahr der Einseitigkeit: Man würde egoistischer werden, ohne es selbst zu bemerken, versponnen und nicht mehr ganz ‹geerdet›.

Rudolf Steiner drückt das an einer Stelle in dem Buche «Wie erlangt man Erkenntnisse der höheren Welten?» (Vorwort zur dritten Auflage, Gesamtausgabe Bibl.Nr.10) so aus: «Man wird so die Vorstellung erhalten, daß *nicht in einer* Wahrheit das Wesentliche liegt, sondern in dem Zusammenstimmen aller. Wer Übungen ausführen will, muß das ganz ernstlich bedenken. Eine Übung kann richtig verstanden, auch richtig ausgeführt sein; und dennoch kann sie unrichtig wirken, wenn nicht von dem Ausführenden ihr eine andere Übung hinzugefügt wird, welche die Einseitigkeit der ersten zu einer Harmonie der Seele auslöst.»

Es ist durchaus erschütternd: Eine Übung kann richtig verstanden und ausgeführt sein und dennoch unrichtig wirken! – Aber nur dann, wenn vom Ausführenden nicht eine andere Übung hinzugefügt wird, die die Einseitigkeit der ersten zu einer Harmonie führt. Welches ist aber nun die ausgleichende Übung?

Dazu ist es vor allem wichtig, sich die Bedeutung des vorausgehenden *Studiums* klarzumachen, wo man den Erkenntnisweg zuerst einmal im Denken kennenlernt. Jeder Meditierende muß sich fragen: Wohin führt mich denn diese Meditation, über die ich da lese oder höre, was ist das überhaupt für ein Weg, wie geht er vorwärts? Man muß sich klar werden über den Aufbau des meditativen Erkenntnisweges der Anthroposophie, bevor man sich auf irgendwelche Übungen stürzt.(Das Studium kann z.B. anhand des Buches «Wie erlangt man Erkenntnisse der höheren Welten?» oder des Kapitels «Die Erkenntnis der höheren Welten» in «Die Geheimwissenschaft im Umriß» von Rudolf Steiner erfolgen.)

Hier soll nun beschrieben werden, wie der nächste Schritt aussehen muß, nachdem man Übungen in der einen Richtung getan hat, um diese in ein harmonisches Gleichgewicht mit anderen Übungen zu bringen.

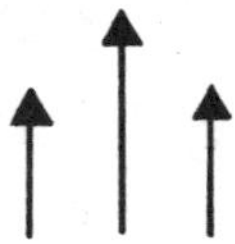

Rosenkreuzmeditation
Gestaltungskraft im Denken

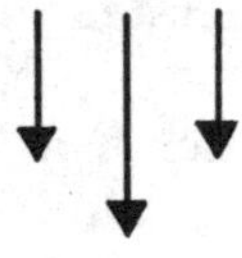

Lebensverarbeitung
Bewußtseinslicht im Willen

Die andere Richtung, die den harmonischen Ausgleich bildet zu den Imaginationsübungen, wird vor allem errungen durch die *meditative Verarbeitung des eigenen Lebens*. Man beginnt sich zu fragen: Was spielt sich ab in meinem Tagesablauf vom Morgen bis zum Abend, welchen Menschen bin ich begegnet, was ist mir an Ereignissen zugestoßen? Und dann weiter: Wo stehe ich eigentlich in meinem Leben, in meiner Biographie, wie bin ich in meine heutige Lebenssituation hineingekommen durch die letzten Jahre hindurch, von der Jugend auf? – Alle diese Fragen setzen an bei dem inneren Beobachter, von dem schon im ersten Kapitel die Rede war (S. 11). Dieser innere Beobachter ist zunächst so, daß er ganz selbstbezogen arbeitet: Man liebt sich selbst am meisten. Dann gibt es die gesteigerte Möglichkeit, daß dieser Beobachter ständig in einem anwesend ist und die eigenen Handlungen sogar stört, indem er auf alles reflektiert, was man gerade tut. Das ist hier aber nicht gemeint. Vielmehr geht es darum, diese Rolle des inneren Beobachters zu erweitern auf die eigene Vergangenheit.

Dabei beginnt man am besten nicht mit der Lebenssituation, in der man gerade steht, weil das eine sehr große Kraft der Objektivität erfordern würde, sondern mit einer weiter zurückliegenden Situation, vielleicht aus dem 18. Lebensjahr. Man vergegenwärtigt sich nun, was damals in einer bestimmten Situation vor sich ging, dieses oder jenes Dramatische, was vielleicht eine große Bedeutung hatte, vielleicht etwas Chaotisches dazwischen, das stark auf einen gewirkt hat, oder ähnliches. Nun besteht die Aufgabe darin, sich das genau in die Erinnerung zu rufen, wie alles im einzelnen verlaufen ist, gleichzeitig aber, es von einer höheren Warte aus anzuschauen, als ob es sich um eine *andere* Person handelte.

Es ist hilfreich, sich dabei zu vergegenwärtigen, daß ein gewaltiger Unterschied besteht zwischen einer Problematik, die ich selbst in mir erlebe, und einer Problematik, die ein anderer durchmacht. Wieviel leichter ist es, bei einem anderen Objektivität walten zu lassen als bei einem selbst! Deshalb also ist es wichtig, ein Ereignis zu nehmen, das weiter zurückliegt, und sich dabei so abzusetzen, daß es wie von außen objektiv betrachtet werden kann.

Auch hier geht es wie bei der Rosenkreuzmeditation nicht um den Erfolg, sondern um die Bemühung. In der Rosenkreuzmeditation werden schlafende Kräfte geweckt, das innere Erleben wird stärker. Bei der Lebensverarbeitung ist es umgekehrt: Hier sind die Kräfte schon vorhanden, die Triebe und Leidenschaften, alles, was im Willen wirksam ist, aber da muß jetzt Bewußtsein hinein. Bewußtseinslicht wird in einen Bereich geschickt, in dem sonst Finsternis herrscht (vgl. Abb. S. 32). Neben die Gestaltungskraft im Denken und die Intensivierung der Gefühle tritt also das Bewußtseinslicht im Willen, und das bewirkt schon die Bemühung um diese Sache.

Damit ist die erste Stufe der Lebensverarbeitung beschrieben, die Verstärkung des inneren Beobachters. Das geschieht freilich nicht den ganzen Tag lang, sondern wiederum zu einer ausgewählten Zeit, vielleicht zehn Minuten lang.

Wenn diese erste Stufe etwas beherrscht wird, kommt die nächste Stufe, denn auch bei dieser Übung gibt es mehrere Etappen. Die zweite besteht nun darin, das *Wesentliche* vom *Unwesentlichen* zu unterscheiden. Denn das ist mehr: Wenn nur objektiviert und angeschaut wird, weiß man noch nicht, was dabei wesentlich oder unwesentlich war.

Nun ist diese Frage nicht mit einem Mal zu beantworten; viele finden es sogar so schwierig, daß sie gar nicht erst versuchen, hier weiterzukommen: Wie soll ich denn beurteilen, was wesentlich war und was unwesentlich, da müßte ich ja rein subjektiv entscheiden!

Hier gibt es mehrere Schlüssel, von denen zwei genannt werden sollen: Zuerst einmal muß man sich klar sein, daß es bei der Frage nach dem Wesentlichen und Unwesentlichen nicht auf die Größenordnung ankommt. Ein ganz kleines Ereignis kann viel wesentlicher gewesen sein als ein anderes, das vordergründig viel größer erscheint in seiner Bedeutung für den Lebenslauf. Es kommt auf die Wirksamkeit über den Augenblick hinaus an; da kann das, was zunächst als starker Mittelpunkt eines biographischen Geschehens erscheint, ganz unbedeutend sein. Das, was vorübergeht, ist immer unwesentlich. Wesentlich sind die Dinge, die für den Lebenslauf als ganzen von Belang sind, wo danach das Leben ein bißchen anders gefärbt ist.

Der zweite Schlüssel besteht in der Frage: Wie wurde meine innere Entwicklungskraft durch ein bestimmtes Ereignis so gefördert, daß ich dadurch weitergekommen bin? Wenn man z.B. eine Krankheit durchgemacht hat, dann hatte man währenddessen bestimmte Gefühle, Gedanken, die aber später verblaßt sind. Durch die Auseinandersetzung mit der Krankheit wurde aber möglicherweise die Disposition eines Menschen, sein soziales Verhalten oder sein Charakter verändert. Jetzt kann ich mich also fragen: Was war wesentlicher – diese werdende Entwicklungskraft, die mich innerlich weitergebracht hat, oder all jene Gedanken und Gefühle, vielleicht auch Schmerzen, die ich während der Krankheit gehabt habe? Es ist offensichtlich: Die Gedanken und Gefühle sind sehr schnell vorübergegangen, die innere Entwicklungskraft aber leuchtet in das weitere Leben hinein.

Man muß bei der Lebensverarbeitung also lernen, auf solche wesentlichen Entwicklungsmomente in der eigenen Biographie zu achten, dann beginnt man auch, das Wesentliche vom Unwesentlichen unterscheiden zu können.

Nach dieser Stufe der Unterscheidung des Wesentlichen vom Unwesentlichen folgt nun ein weiterer, entscheidender Schritt. Wenn man eine solche Lebenssituation, wo man z.B. 18 Jahre alt gewesen ist, anschaut, sich alles genau vergegenwärtigt, dann versucht, das Wesentliche herauszufiltern, was vielleicht nicht gleich gelingt, aber nach und nach beginnt es aufzudämmern, dann sieht man plötzlich: Ich war ja nicht allein in dieser Lebenssituation, es waren auch andere Menschen um mich herum, und wenn die nicht dagewesen wären, dann wäre gar nichts geschehen. Ich schaue also auf den Zusammenhang mit anderen Menschen, und es entsteht ein Bild, das aber zunächst vollständig falsch ist. Warum?

Ich selbst sehe mich als Zentrum in der Mitte, riesengroß, und um mich herum, als kleine Punkte die anderen Menschen. Ich bin selbst die Hauptperson, die anderen nur die Statisten.

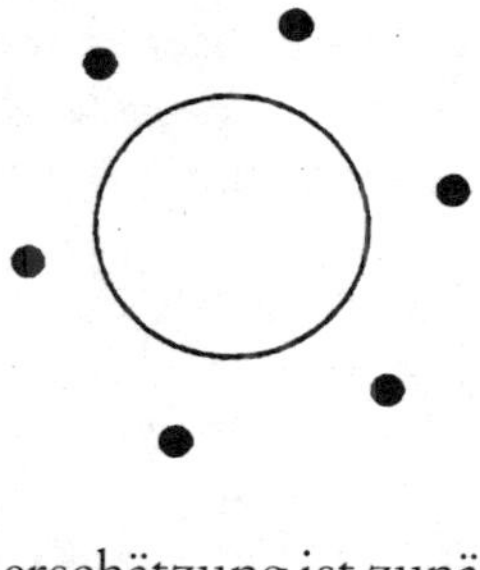

Diese Selbstüberschätzung ist zunächst bei jedem Menschen vorhanden. Es ist eine Krankheit, die in gewisser Weise sogar gesund ist, aber jeder

Mensch muß durch sie hindurch gehen. Man braucht diese Selbstüberschätzung zunächst, um überhaupt zu eigenem Selbstbewußtsein und Selbständigkeit zu kommen. Aber im Grunde genommen stimmt diese Einschätzung der eigenen Person nicht, denn ohne die anderen Menschen wäre man gar nicht der, der man geworden ist. Sie muß also überwunden werden.

Bei dieser Stufe der Lebensverarbeitung bemerkt man nun die Selbstüberschätzung, und nun beginnt etwas, das ich die ‹Neuentdeckung der nächsten Mitmenschen› nennen möchte. Man spürt: Ohne diesen oder jenen Menschen, der in meiner damaligen Situation eine bestimmte Rolle gespielt hat, wäre das alles nicht geschehen. Ohne ihn wäre ich nicht der geworden, der ich heute bin. In meinem Verständnis beginnt sich etwas zu verändern: Das Zentrum, ich selbst beginne mehr und mehr zu schwinden, die Peripherie aber, die anderen Menschen wachsen in ihrer Bedeutung, sie verlieren ihre Statistenrolle, die ich ihnen in meiner Selbstüberschätzung zuerteilt hatte.

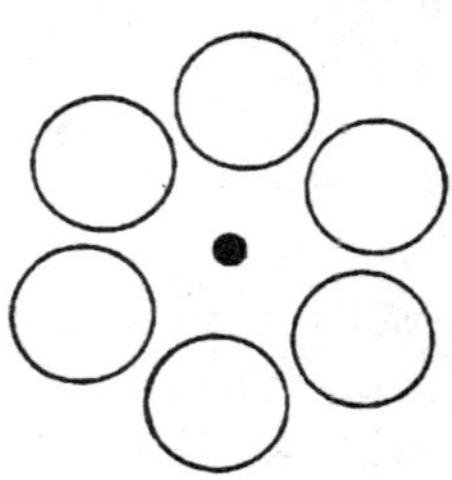

Das kann sich dann soweit steigern, daß die Mitte, also ich selbst, vollständig verschwindet, weil die anderen als Realität immer mehr an Bedeutung gewinnen, so daß man sich plötzlich nur noch als leere Nichtigkeit fühlt: Was bin ich überhaupt? Bin ich nicht nur ein Ergebnis dessen, was andere aus mir gemacht haben, etwas, das von verschiedenen Seiten zusammengeflossen ist?

Das ist eine entscheidende Durchgangsstufe in dieser Meditation, die aber für sich genommen falsch wäre. Man wird bald entdecken, daß in der Mitte man selbst doch noch vorhanden ist, und zwar in dem, was die Urteilsbildung ist. Jede selbständige Beurteilung kann nur individuell erfolgen, nicht durch einen anderen, sonst ist es nur ein übernommenes Urteil. Die eigenständige Urteilskraft bleibt im Zentrum – und die Fähigkeit zur Liebe, auch die kann nur von mir selbst ausgehen, nicht von außen gesteuert.

Die nächste Stufe besteht nun darin, daß man die Einseitigkeit der beiden beschriebenen Positionen – nur ich bin bedeutend, die anderen sind Statisten, ich selbst bin ein Nichts, nur die anderen sind wichtig – einsieht und entdeckt: Ich bin gar nicht nur im Zentrum, ich bin gleichzeitig auch in den anderen Menschen; wenn ich nicht auch in ihnen wäre, dann wäre ich überhaupt nicht. Man ist zugleich im Zentrum und im Umkreis, und man entdeckt in sich ein höheres Selbst, das auch wahres Selbst genannt werden kann, das man im tiefsten Innern und gleichzeitig in den anderen Menschen im Umkreis findet.

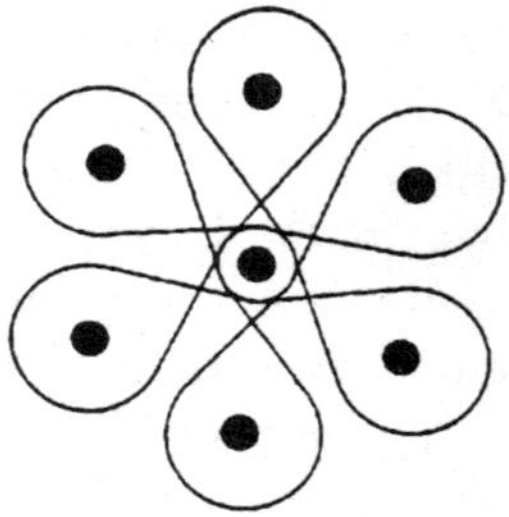

Diese Übungsrichtung der Lebensverarbeitung läßt sich nun noch verstärken, indem man nicht bei *einer* bestimmten Situation stehen bleibt, sondern beginnt, die Meditation langsam auf den ganzen Lebenslauf auszudehnen, bis zur Kindheit zurück. So ergibt sich aus der Lebensverarbeitung nach und nach ein ganzes Lebenspanorama. Dieses sollte aber wiederum nicht zuerst angesteuert werden, sondern zunächst der kleine Ausschnitt, der sich dann nach und nach erweitern läßt.

Wenn man meint, die eigene Erinnerung sei doch aber viel zu schwach, um das zu leisten, dann irrt man sich gewaltig. Man hat viel größere Möglichkeiten sich zu erinnern, als man zunächst glaubt, aber man muß an einem Zipfel beginnen und das dann vertiefen. Wiederum zählt hier die Bemühung, nicht der Erfolg.

Damit haben wir jetzt den Ausgleich zu der im ersten Kapitel beschriebenen Übungsrichtung der Imagination. Diese, für sich geübt, würde einen nur in einen zunehmenden Egoismus hineinführen, denn da verstärkt man zunächst die inneren Bildkräfte. Hinzutreten muß, damit ein Gleichgewicht gefunden werden kann, die Lebensverarbeitung. Diese Meditation führt mit anderen Übungen zu der sogenannten *Inspiration*, eine Bezeichnung, die in diesem Zusammenhang eine besondere Bedeutung hat. Inspiration in dem hier gemeinten Sinne hängt mit allem zusammen, was man allgemein als die Fähigkeit des *Hörens* bezeichnen könnte, auch des Zuhörens. – Durch die Lebensverarbeitung steigern sich die *sozialen Fähigkeiten*, weil man aufmerksam wird auf das Zusammenweben mit den anderen Menschen und auf alles, was sich in der eigenen Biographie abspielt.

Wenn man aber sagen würde: Die Bildmeditation macht mich nur egoistischer, also lasse ich das und gehe gleich zur Lebensverarbeitung über, dann wäre das natürlich ein Irrtum. Denn dann fehlen einem die inneren Kräfte, die man für das Lebenspanorama braucht. Dieses Bild würde dann nur kraftlos und leer sein und zu nichts führen.

Es muß also auf der einen Seite eine starke Kraft errungen werden, und dann wird diese in ein Gleichgewicht gebracht durch die Verarbeitung der eigenen Biographie, wo die sozialen Fähigkeiten gesteigert werden. Die Einseitigkeit der einen Übung wird durch eine andere ausgeglichen.

Es ist wie beim Atmen. Erst muß kräftig eingeatmet werden, und dann kann man ausatmen. Beides steht in inniger Beziehung und strömt zusammen.

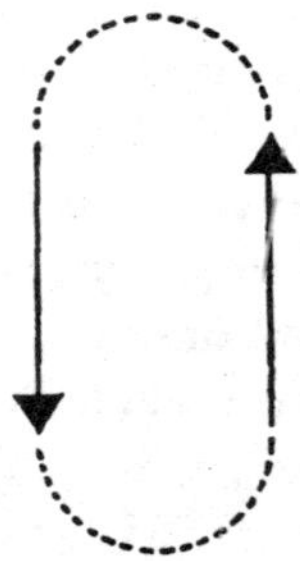

Praktische Gesichtspunkte

Nun zunächst noch einige praktische Gesichtspunkte zu den Übungen. Es ist nicht gut, in eine Meditation einfach nur hineinzustolpern oder nur so ein bißchen zu schnuppern. Es sollte darauf geachtet werden, daß die Meditation ganz *bewußt begonnen* wird, so als ob man durch eine Tür in einen Raum eintritt, wo man sich der Tür nähert, diese öffnet und hinter sich wieder schließt, wenn man drinnen ist. Ebenso am Ende. Wenn ich die Meditation abschließe, muß ich darauf achten, daß sie nicht halbbewußt in das übrige Tagesleben hinüberschleift, wo ich dann am Kaffeetisch noch ein wenig weiter meditiere. Auch hier kann man sich das Bild der Tür vor Augen halten. Man verläßt den Raum, den man mit der Meditation betreten hat wieder, schließt die Tür hinter sich und hat die Meditation damit abgeschlossen. Wohl kann man noch einen Moment lang einen gewissen Gefühlsnachklang in sich wirken lassen, aber man sollte die Inhalte der Meditation eben nicht einfach in das Alltagsleben hinein weitertragen. Bewußter Umgang mit diesen Dingen ist unabdingbar für eine harmonische Entwicklung.

Zur *Körperhaltung* ist zu sagen, daß sowohl für die Rosenkreuzmeditation, die Gedankenkontrollübung und auch für die Lebensverarbeitung eine aufrechte Haltung günstig ist. Im Liegen wird es sicher viel schwerer sein, sich zu konzentrieren, das läßt sich ausprobieren. Es gibt aber andere Meditationen, wo man z.B. versucht, den Moment des Aufwachens oder des Einschlafens bewußt zu erfassen, und da ist es unumgänglich, daß man liegt. Die Körperhaltung richtet sich also nach der Art der Meditation. Das gilt auch für andere Meditationsarten, z. B. den Yoga-Weg. Nur müßte man diesen Weg ausführlich darstellen, um auch die jeweiligen Körperhaltungen zu verstehen, was hier aber nicht möglich ist. Für den anthroposophischen Erkenntnisweg läßt sich generell sagen: Man beginnt im Geistig-Seelischen, im vollbewußten Denken, Fühlen und Wollen. Zumeist sitzt man während der Meditation, das Physische ruht, so daß es nicht stört; das ist das Entscheidende.

Zum *Zeitpunkt* der Meditationen läßt sich sagen, daß es natürlich individuelle Verschiedenheiten gibt. Der eine ist morgens sehr frisch und abends dafür sehr früh müde, ein anderer braucht dagegen sehr lange, bis er am Morgen voll wach ist, kann dafür aber bis in die Nacht hinein arbeiten. Dennoch ist der Morgen, bevor man in das Tagesgeschehen einsteigt, ein sehr günstiger Augenblick zum Meditieren; ebenso der späte Abend, wo man nach getaner Arbeit auf den Tag zurückblicken kann. Hier kann man spüren, daß zu diesen Zeitpunkten besondere Öffnungen da sind, wo es sich leichter meditieren läßt als beispielsweise mitten am Tag während der Arbeit. Aber auch am späten Nachmittag ist solch ein günstiger Zeitpunkt. Es gibt aber keine Vorschriften, jeder muß seine eigenen Erfahrungen machen und ausprobieren, wie es für ihn am günstigsten ist.

Bei der Frage der *Regelmäßigkeit* der Meditationen (vgl. S. 26f) ist weiterhin zu beachten, daß während der Nacht eine Vertiefung einsetzt, die man am nächsten Morgen spüren kann. Wenn man dann wieder aufhört und den Rhythmus der Übungen unterbricht, dann entsteht ein Loch, wo es nicht weitergehen kann durch die nächste Nacht hindurch.

Dennoch kann das Gefühl entstehen, daß man eine Übung noch nicht richtig verstanden hat. Dann kehrt man zurück zur Stufe des Studiums, um sie noch besser kennenzulernen. Anschließend setzt man die Übung fort und versucht, wieder in einen regelmäßigen Rhythmus hineinzukommen.

Die Möglichkeit zur Intensivierung besteht immer, nur kann einen niemand dazu zwingen. Man entscheidet völlig frei, wieviel man tun will.

Eine *schädigende Wirkung* bei einer Unterbrechung der regelmäßigen Übungen kann nur dann eintreten, wenn die Meditationen so intensiv betrieben worden sind, daß sie zu einer übersinnlichen Organbildung geführt haben. Hier würde durch die Unterbrechung so etwas wie ein Nahrungsentzug entstehen, weil das neu gebildete Organ dann nicht mehr mit frischer Nahrung, der Meditation, versorgt würde. Das Organ würde dann verkümmern. Das bemerkt man aber selber. Meistens ist die Intensität der Übungen jedoch gar nicht stark genug, um zu einer wirklichen Organbildung zu führen. Hierbei handelt es sich also um eine fortgeschrittene Stufe der Meditationspraxis.

Bezüglich des *Erfolges* der Meditationen ist es,

wie schon erwähnt, wichtig, sich keinen falschen Erwartungen hinzugeben. Denn oft erwartet man den Erfolg an einer ganz anderen Stelle, als er dann in Wirklichkeit auftritt. – Eine Schülerin Rudolf Steiners hatte sieben Jahre lang die Meditationen, so gut sie konnte, durchgeführt. Sie war eine sehr gebildete, frei stehende Persönlichkeit. In einem Gespräch mit Rudolf Steiner bekannte sie ihm aber, daß sie sehr besorgt sei in bezug auf den Erfolg ihrer Meditationen. Ihre Studien in der Philosophie und in der Anthroposophie seien zwar sehr gut fortgeschritten, darüber sei sie sehr beglückt. Aber bei den Meditationen habe sie gar keinen Erfolg. Da sagte ihr Rudolf Steiner, daß sie sich vollständig täusche: Wenn sie ihre Meditationen nicht so treu durchgeführt hätte, dann wäre auch das Aufblühen ihrer sonstigen Studien nicht eingetreten.

Die Wirkung der Meditationen taucht in der Regel zuerst an einem anderen Ort auf, als man vermutet. Man meditiert, und dann geschieht etwas im Leben, das sonst nicht eingetroffen wäre. Oder es taucht etwas auf in der Nacht, während man schläft, und man beginnt ein wenig zu erwachen, ohne daß man dabei den physischen Leib ergreift. Es tritt da ganz leise ein erster Anfang eines leibfreien Bewußtseins auf. – Die Erfolge stellen sich also sehr wohl ein, nur erwartet man sie meist an anderer Stelle oder in anderer Größenordnung.

In jedem Fall bleibt die Meditation aber eine ganz *individuelle* Angelegenheit. Zwar kann man sich mit anderen über die eigenen Erfahrungen, Schwierigkeiten usw. austauschen, aber es nützt nichts, wenn die eigene Meditation zu schwach ist, dann ‹im Chor› mit anderen zu meditieren. Davon wird es nicht stärker. Die Verstärkung tritt nur ein, wenn man selber tüchtig gewesen ist und sich dann mit anderen in einer Art von geistiger Verabredung trifft, wo man weiß, die anderen arbeiten jetzt an derselben Meditation. Da kommt es dann zu einer Zusammenarbeit auf einer höheren Ebene.

Ebenso ist es in bezug auf einen Lehrer. Die eigene Selbständigkeit muß vollständig gewahrt bleiben, wenn man jemanden um Rat fragt. Die eigene Arbeit kann einem niemand abnehmen, Rat und Orientierung aber kann man sich von anderen, die vielleicht weiter fortgeschritten sind, holen. Hier herrscht das Prinzip der Hilfe zur Selbsthilfe.

Noch eine Bemerkung zur *Bildmeditation*. Es gibt natürlich in der beschriebenen Richtung auch die Möglichkeit der *Wortmeditation*, die in ähnlicher Weise aufgebaut wird. Hier handelt es sich nicht um ein visuelles Bild, sondern um einzelne Worte, Sätze oder ein Mantram, das dann eher einen Gehöreindruck bildet. Bild- und Wortmeditation verhalten sich zueinander wie Auge und Ohr. Es ist nämlich ein starker Unterschied, ob ich etwas mit Augen wahrnehme oder mit Ohren höre, ob ich etwa blind bin oder taub. Die ganze Farbenwelt erleben wir mit den Augen, die Welt der Töne mit den Ohren, mit dem Sprach- und Gedankensinn. Beide Wahrnehmungssphären wirken zusammen, ergänzen sich und haben doch vollständig verschiedene Qualitäten.

Das heißt, man sollte auch hier nicht zu einseitig verfahren und nur Bildmeditationen oder nur Wortmeditationen durchführen. Beide haben eigene Qualitäten, die nicht ersetzbar sind. Sie steigern und befruchten sich gegenseitig, aber beide befinden sich nur auf der einen Seite, wo es bei ausschließlicher Beschränkung auf diese Übungen nur in das Egoistische hineingeht, wenn nicht der Ausgleich durch die Übung der Lebensverarbeitung erfolgt, wie er oben beschrieben wurde.

Willenskontrolle

Ebenso wie für die Rosenkreuzmeditation die Gedankenkontrolle eine Unterstützung darstellt, so gibt es auch auf der Seite der Lebensverarbeitung unterstützende Übungen, denn es ist für viele Menschen gar nicht so einfach, unmittelbar in die biographische Rückschau einzusteigen. Deshalb gibt es hier Vorstufen, von denen im Folgenden zwei beschrieben werden sollen.

Dabei handelt es sich um die sogenannten Übungen zur Willenskontrolle. Heutzutage gibt es auf diesem Gebiet vor allem zwei Hindernisse: Das eine ist die Willenslähmung. Man entscheidet sich, etwas zu tun, und dann tut man es doch nicht, bleibt einfach sitzen, es geschieht nichts. Das andere ist eine gewisse Form der Handlungsmanie, wo man sich von morgens bis abends in Überaktivität stürzt, sich an der eigenen Tätigkeit berauscht und wo dann plötzlich eine totale Leere auftritt, wenn man einmal nichts zu tun hat. Sowohl das eine wie das andere Extrem ist ein Symptom für einen nicht selbständig geführten Willen. Ein selbständiger Wille geht von einem klaren, ruhig gefaßten Entschluß aus, der dann tatsächlich auch ausgeführt wird.

Viele Menschen kennen diese Form des Willens jedoch überhaupt nicht. Sie handeln nur aus Gewohnheit, aus Pflichtgefühl, ohne eigenen inneren Antrieb, nur weil es von der Umgebung erwartet wird. Diese Handlungen sind natürlich gesellschaftlich notwendig, sie sollen hier nicht verurteilt werden. Aber es ist trotzdem möglich, etwas zu tun, wozu kein äußerer Anlaß besteht, aus völlig freier Initiative.

Darin besteht nun die kleine Übung, daß man sich vornimmt, am nächsten Morgen etwas Bestimmtes zu tun, z. B. seine Schuhe nicht nur einmal, sondern zweimal zuzubinden, eine kleine, äußerlich völlig unbedeutende Handlung, die man selber bestimmt. Dann kommt die Nacht und der nächste Tag, man besinnt sich auf den Entschluß und führt die Handlung aus.

Oft geschieht es aber, daß man dann im Laufe des Tages feststellt, daß man die Initiativhandlung einfach vergessen hat. Eine eigenartige Erfahrung, die nicht etwa nur nachlässigen Menschen widerfährt, sondern die am Anfang jedem passieren kann. Denn unvermerkt sind wir meistens in unseren Handlungen von einer gewissen Routine getragen, von äußeren Pflichten, eingefahrenen Gewohnheiten usw.

Die Willenskontrolle führt dazu, daß man ganz aus sich heraus eine bestimmte Handlung ausführt. Man bekommt ein objektiveres Verhältnis zu sich selbst und kann sich dann bei der Lebensverarbeitung besser von sich absetzen, sich selber objektiver betrachten.

Eine andere Übung besteht darin, bestimmte Gewohnheiten bewußt zu verändern. Jeder Mensch hat von Kindheit auf bestimmte Verhaltensweisen, Eigenarten, Gebärden oder Redeweisen, die vielfach durch Nachahmung von den Eltern oder Lehrern übernommen wurden. Die Übung besteht nun darin, daß man bei sich eine kleine solche Eigentümlichkeit wahrnimmt und versucht, diese zu ändern; z.B. nimmt man sich vor, ein bestimmtes Wort, das man auffällig oft gebraucht, einen Monat lang nicht mehr zu benutzen und an dessen Stelle ein anderes zu setzen.

Nun sollte man annehmen, daß das eine leichte Sache sei. Aber dem ist nicht so. Denn die Gewohnheiten sitzen tief, und zugleich bemerkt man in sich einen Widerstand, als ob jemand anderes sagen würde: Ich will mich nicht verändern, ich bleibe, wie ich bin. Gegen diesen Widerstand muß man nun angehen.

Die andere Erfahrung ist aber die, daß es doch geht, man kann sich verändern, man kann den eigenen Lebensstoff selbst gestalten. Das wird dann eine kleine Quelle der Kraft, die nun ebenfalls weiterhilft bei der Verarbeitung der eigenen Biographie.

Je weniger man sich selbst im Griff hat, je weniger Licht in das Dunkel der Willenssphäre hineingebracht wird, desto weniger wird man in der Lage sein, seine eigene Biographie zu überblicken.

Hier kommt man hinein in den ganzen Bereich der Lebensgestaltung, wo man nach und nach immer deutlicher wahrnehmen kann, daß man sich auf einem Weg der inneren Entwicklung befindet. So unvollkommen er auch sein mag, er führt einen hin zu dem eigenen höheren Selbst, das man in der Verarbeitung des eigenen Lebens beginnt zu entdecken.

3.
Der Weg zum höheren Selbst

Der bisherige Weg hat zu Konsequenzen geführt, die auf der einen Seite schlafende Kräfte in mir selbst geweckt (1. Kapitel) und mir auf der anderen Seite meinen Lebenslauf neu vor Augen geführt haben (2. Kapitel). Bisher habe ich geglaubt, mein Ich-Bewußtsein sei gegenüber allem, was sich in meiner Umgebung befindet, das viel Bedeutsamere; nun muß ich entdecken, daß der ganze Umkreis meines Lebens eigentlich mit ein Teil meiner selbst ist, daß mein kleines, zentriertes Ich-Bewußtsein ausgedehnt werden kann bis auf die anderen Menschen, mit denen ich in Beziehung stehe. Es ist ein anderes, höheres Selbst, das hier dumpf gefühlt werden kann – nicht deutlich, aber doch als etwas Großes, Umfassendes. Und man verspürt, daß die eigene Entwicklungskraft mit diesem Verhältnis des kleinen IchBewußtseins zum Umkreis zusammenhängt. Woher aber rührt diese Entwicklungskraft wirklich?

Wenn ich auf mein Leben zurückschaue, soweit

ich irgend kann, und das verarbeite und mich dann frage: Wann ist die Kraft, die mich weiter gebracht hat, die Entwicklungskraft des werdenden Menschen am stärksten gewesen? – dann komme ich zu der eindeutigen Antwort: Bei jedem Menschen ist diese Kraft am größten in den ersten drei Lebensjahren, an die ich mich in der Regel allerdings gar nicht erinnern kann. Aber dennoch: Wenn man da hineinschaut in das, was in dem kleinen Kind in den ersten drei Lebensjahren vor sich geht, dann sieht man, daß es Riesenschritte der Entwicklung sind, ohne bewußte Reflexion, ohne Ich-Bewußtsein.

Das kleine Kind richtet sich auf, beginnt zu gehen – würde es das nicht tun, müßte es das ganze übrige Leben kriechend zubringen, die Entwicklungsmöglichkeiten wären radikal geschrumpft. Die Aufrechte bringt fundamentale Entwicklungsmöglichkeiten für den ganzen Lebenslauf mit sich. In dieser Entwicklung steckt nun dieselbe Kraft, die später in der Rosenkreuzmeditation angewendet wird, die Kraft des werdenden Menschen. In der frühen Kindheit wird sie unbewußt eingesetzt – auch da ist es ein Üben: Wie oft muß das Kind sich anstrengen, bis es – erst wackelig, dann immer fester – stehen und dann sogar gehen kann! Voller strahlender Freude ist das Kind, wenn es das schließlich beherrscht!

Das gleiche gilt für das Sprechen- und Denkenlernen. Auch hier vollziehen sich gewaltige Entwicklungsschritte, die die Grundlage für alles Weitere bilden.

Nun kann man diese gewaltige Entwicklungskraft im kleinen Kinde vergleichen mit dem, was man als Erwachsener mit voll entwickeltem Ich-Bewußtsein erlebt. Hierzu gibt es ein interessantes geisteswissenschaftliches Forschungsergebnis bei Rudolf Steiner, das ich an dieser Stelle einfügen möchte:

«Man sieht, daß der Mensch in den allerersten Jahren seines Lebens bedeutungsvolle Dinge vollbringt. Er arbeitet im Sinne höchster Weisheit an sich selber. Er könnte in der Tat, wenn es auf seine Klugheit ankäme, das nicht vollbringen, was er *ohne* seine Klugheit in der ersten Lebenszeit vollbringen muß. Warum wird aus den Seelentiefen, die außer dem Bewußtsein liegen, dies alles vollbracht? Es geschieht aus dem Grunde, weil der Mensch in den ersten Jahren seines Lebens mit seiner Seele, mit seiner ganzen Wesenheit viel mehr angeschlossen ist an die geistigen Welten der höheren Hierarchien, als dies später der Fall ist. ... Während das, was wir die ‹kindliche Aura› nennen, in den ersten Lebensjahren wie eine wunderbare, menschlich-übermenschliche Macht das Kind umschwebt – so umschwebt, daß diese kindliche Aura, der eigentliche höhere Teil des Menschen, überall seine Fortsetzung in die geistige Welt hinein hat –, dringt in jenem

Zeitpunkt, bis zu welchem der Mensch sich zurückerinnern kann, diese Aura mehr in das Innere des Menschen hinein. ... Das geschieht im Kindesalter noch nicht. Da waren die Dinge für den Menschen so, als wenn sie wie eine Traumwelt ihn umschwebten. Aus einer Weisheit heraus, die nicht *in ihm* ist, arbeitet der Mensch an sich. Diese Weisheit ist mächtiger, umfassender als alle spätere bewußte Weisheit. Diese höhere Weisheit verdunkelt sich für die menschliche Seele, welche dann dafür die Bewußtheit eintauscht. ...

Was nun in allerhöchstem Maße in der Kindheit vorhanden ist, daß der Mensch aus einem Selbst heraus arbeitet, das noch mit höheren Welten in unmittelbarem Zusammenhange steht: das bleibt bis zu einem gewissen Grade doch im späteren Leben bestehen, trotzdem sich die Verhältnisse im angegebenen Sinne ändern.»(«Die geistige Führung des Menschen und der Menschheit», erster Vortrag, Gesamtausgabe Bibl.Nr.15.)

Das Ich-Bewußtsein haben wir also auf Kosten unserer Verbindung mit der geistigen Welt. Hören aber deshalb die geistigen Entwicklungskräfte auf, weiter zu wirken? Nein, nicht ganz, denn unvermerkt fließt ein kleiner Strom dieser Kräfte weiter, nur nicht in demselben starken Maße wie in den ersten drei Jahren. Wo zeigen sich nun diese Kräfte beim Erwachsenen?

Überall wo ein Mensch über sich selbst hinauswächst, wo er nicht stehenbleibt oder stagniert, sondern wo er sich sagt: So wie ich jetzt geworden bin, kann ich nicht bleiben, so bin ich nur eine schlechte Kopie meiner selbst – da beginnt auch der Erwachsene, bildlich gesprochen, sich aufzurichten, aus eigener Entwicklungskraft zu gehen. Diese Möglichkeit, sich selbst beim Schopfe zu packen und aufzuwachen, zeigt, daß der Strom der Entwicklungskräfte nicht versiegt. Er zeigt sich aber auch in vielem anderen.

Jeder Mensch hat im physischen Körper eine Kraft, die man ‹Selbstheilungskraft› nennen könnte. Sie tritt da in Erscheinung, wo z.B. eine kleine Wunde ganz von alleine heilt, ohne daß ein Arzt oder eine Arznei hinzugezogen worden wäre. Es ist wie ein kleines Wunder: Man hat eine kleine Wunde, und nach einer bestimmten Zeit ist sie einfach verschwunden, ohne eine Spur zu hinterlassen. Aus dem ganzen Wesen des Menschen, aus dem Lebenszusammenhang des Leibes wird eine kleine Stelle, die aus diesem Zusammenhang herausgefallen ist, wiederhergestellt. Jede Krankheit besteht ja darin, daß ein Teil des Körpers aus seinem Gesamtzusammenhang herausfällt, und jede Heilung stellt diesen Gesamtzusammenhang wieder her. Ohne diese Selbstheilungskraft ist kein Heilprozeß denkbar.

Jeder Mensch hat, individuell verschieden, etwas von dieser Selbstheilungskraft in sich. Es ist dieselbe Kraft, die hier wirksam ist, wie in dem kleinen Kinde, wie beim Erwachsenen, der sich moralisch aufrichtet, und wie in der Meditation auf dem Erkenntnisweg. Es sind verschiedene Aspekte des werdenden Menschen.

Damit nähern wir uns langsam dem Wesen des höheren Menschen, des höheren Selbstes. Mit dem Eintritt des Ich-Bewußtseins werden die höheren Kräfte im Menschen schwächer wirksam, aber wir können auf dieses Ich-Bewußtsein nicht verzichten. Es ist die Grundlage unserer Urteilskraft, unserer Willensfreiheit.

Die Frage ist nun: Wie finde ich unter Beibehaltung meines Ich-Bewußtseins wieder den Anschluß an jene höheren Kräfte, die in mir als Kleinkind so stark wirksam waren? Das ist die Frage nach dem Weg zum höheren Selbst. Aber dieser Weg ist kein egoistischer, denn dieses höhere Selbst ist nicht in mir selbst beschlossen, sondern es lebt ebenso im Umkreis, wie durch die Lebensverarbeitung spürbar werden kann – aber nicht nur im Umkreis der nächsten Mitmenschen, sondern nach und nach entdeckt man, daß man zusammenhängt mit der ganzen Menschheit, mit der Natur, ohne die man ebensowenig existieren könnte, wie ohne die nächsten Menschen. Das höhere Selbst lebt in meinem kleinen Ich-Bewußtsein und zugleich im gesamten Lebensumkreis.

Die Beziehung zur Natur läßt sich dadurch bewußter machen, daß man sich vergegenwärtigt, wie unterschiedlich man dadurch in seinem Charakter gefärbt ist, daß man in einer Großstadt aufgewachsen ist und nicht in einem Bergdorf in den Alpen. Die ganze Erlebnissphäre der *Sinneseindrücke* ist eine vollständig andere, ob ich die rauschenden Wälder, die Wiesen und Bäche einer Gebirgslandschaft in meiner Kindheit um mich hatte, oder ob da das Rauschen des Verkehrs, die Lichter der Großstadt, die Schluchten der Hochhäuser um mich herum waren. Diese Eindrücke haben mich ebenso geprägt wie die Menschen, die mit mir zusammen gelebt haben. Wenn ich mir das bewußt mache, werde ich aufmerksam auf dieses Verhältnis zu meiner Umwelt, das durch die Sinneseindrücke geprägt ist. Man bemerkt: Der Sinneserfahrungsbereich gehört zu dem Weg zum höheren Selbst dazu, und je mehr man sich um diesen bemüht, um so deutlicher wird die Erfahrung des höheren Selbst werden.

Die Positivitätsübung

Wenn man anfängt, sich um den Bereich der Sinneswahrnehmungen bewußter zu kümmern, wird man schnell bemerken, wie oberflächlich diese Wahrnehmungen gewöhnlich sind. Nicht nur gegenüber der Natur, auch gegenüber den Mitmenschen bemerkt man, daß in der gewöhnlichen Wahrnehmung kaum ein *echtes Interesse* anwesend ist. Oft ist es nur ein egoistisches Streben, einseitige Sympathie, die mich bestimmte Dinge oder bestimmte Menschen genauer wahrnehmen läßt – dann aber meistens nur, weil sie *mir* wichtig sind, weil ich sie *besitzen* will. Diese egoistische Sympathie ist noch nicht die wahre Beziehung zu meinem Lebensumkreis, ebensowenig wie die einseitig ablehnende Antipathie, die mich dann überhaupt nicht erst wahrnehmen läßt, was im anderen Menschen oder an einem Naturgegenstand vorhanden ist.

Wenn diese Situation auftritt, und sie wird in der Regel bei jedem Menschen zu finden sein, denn niemand ist frei von egoistischen Trieben, gibt es eine Möglichkeit hier weiterzukommen, und das ist die sogenannte Positivitätsübung.

Die anderen bisher beschriebenen Übungen der Gedanken- und Willenskontrolle bildeten gewissermaßen jeweils eine Verstärkung der *inneren* Möglichkeiten des Menschen, das eine Mal im Denken, das andere Mal im Willen. Bei der Positivitätsübung geht es nun darum, das Verhältnis des Menschen nach *außen* zu verstärken, zu den anderen Menschen und zur ganzen Umgebung.

Positivität könnte zunächst auch als bloßes Geltenlassen eines anderen verstanden werden. Natürlich gehört es zu dieser Übung, daß man nichts Negatives über einen anderen denkt oder sagt; es ist aber nicht gemeint, dieses Negative einfach zu übersehen. Mit der Übung ist viel mehr verbunden: Es gilt auf der einen Seite, die Schatten zu sehen, auf der anderen Seite aber, das Positive in dem anderen wirklich zu *entdecken*, trotzdem man auch seine Fehler sieht. Erst wenn ich an dem anderen etwas wirklich Neues, Positives entdeckt habe, was mir bisher verborgen war, kann ich von einer echten Positivität sprechen. Indem ich eine solche Entdeckung gemacht habe, habe ich die Wahrnehmungsseite verstärkt, bin ich da ein bißchen wacher geworden.

Das ist aber nur ein erster Schritt, bei dem es nicht bleiben muß. Das Neuentdeckte kann nun nämlich verinnerlicht werden, es wird gefühlsmäßig durchempfunden und hilft dann weiteres Positive zu entdecken. Die Verinnerlichung der Positivität führt zu einer Verstärkung der Wahrnehmungskraft und des Interesses.

Wenn man zu einem Menschen zunächst ein sehr negatives Verhältnis hatte und dann dazu gekommen ist, tatsächlich etwas Positives in ihm zu entdecken, dann wird man feststellen, daß man auf der zweiten Stufe noch mehr Positives in dem betreffenden Menschen entdeckt. Dadurch ergibt sich eine Art ‹seelischer Atemzug›: Zuerst geht man stärker heraus in die Wahrnehmung, entdeckt etwas Neues und verinnerlicht dieses; dann geht man wieder mit verstärkter Kraft nach draußen, um nun noch mehr Neues zu entdekken.

Dieses seelische Atmen, das zunächst im Verhältnis zu anderen Menschen geübt werden kann, ergibt sich aber auch gegenüber allen anderen Sinneseindrücken, wie wir sie aus den Naturreichen empfangen: Farben, Tönen usw. Man entdeckt, daß man bisher gar nicht ordentlich wahrgenommen hat; man geht an den Dingen vorbei, registriert sie, läßt sie gelten, aber man interessiert sich in Wirklichkeit überhaupt nicht für sie. Man schottet sich ab, weil man von der Flut der Eindrücke überwältigt wird. Durch die Positivitätsübung wird dieses Verhältnis überwunden, man entdeckt Neues, nimmt intensiver wahr als vorher: diese Blume, diesen Baum, eine bestimmte Farbe, und jede Neuentdeckung, die verinnerlicht wird, erzeugt die Fähigkeit, wiederum Neues aufzunehmen. Die Beziehung des Menschen zu seiner Umwelt wird verstärkt, so daß er bemerkt, wie er mit dieser aufs intensivste verbunden ist. Es ist ein Weg zum eigenen höheren Selbst, das genauso im Umkreis wie in einem lebt.

Selbsterworbener Idealismus

Dieser Weg nach außen bedarf nun aber der Ergänzung durch den Weg der inneren Stärke. Es gibt zwei Wege zum höheren Selbst. Sie können zunächst getrennt gegangen werden, aber nur ein kleines Stück, dann erlahmen sie, wenn nicht der jeweils andere Weg hinzugefügt wird.

Die Übung der Positivität ist der Weg nach außen, wo die Welt der Wahrnehmung, die anderen Menschen, die Natur wirklich ganz ernst genommen und verinnerlicht werden und wo sich die Wahrnehmungsfähigkeit, das Weltinteresse verstärkt. – Den anderen Weg gehe ich in mir selbst, unabhängig von der Außenwelt. Diesen könnte man als den Weg des *Idealismus* bezeichnen.

Aber ebenso wie es eine echte und und eine unechte Positivität gibt, so gibt es auch einen echten und einen unechten Idealismus. Die unechte Positivität findet alles gleich gut, läßt alles gelten, ohne sich wirklich dafür zu interessieren. – Der unechte Idealismus besteht darin, daß ich Ideen, Ideale habe, wie die Welt sein *sollte*, wie ich selbst sein sollte und vor allem wie die anderen sein sollten. Für diese Ideale läßt sich viel Begeisterung aufbringen, ohne daß ich in mir selbst etwas tue. Ich bin für meine Ideale entflammt, tue aber keinen einzigen Schritt, um in mir selbst etwas zu verändern. Dieser ‹Strohfeuer-Idealismus› flammt auf, aber er führt zu überhaupt nichts.

Besonders bei Jugendlichen läßt sich ‹Strohfeuer-Idealismus› finden. Sie haben sich nicht im geringsten angestrengt, um zu diesem Idealismus zu gelangen – hohe Ideale, ohne auch nur das mindeste in sich realisiert zu haben. Man könnte ihn auch den angeborenen Idealismus nennen, der ja besonders in den Jugendjahren in Erscheinung tritt. – Wenn man nur diese Form des Idealismus in sich trägt, dann ergibt sich die Forderung nach einem völlig neuen Idealismus: der mit Mühe, durch Selbstüberwindung *erworbene* Idealismus. Ein Idealismus, der mich über mich selbst hinausführt, der begehrt, in mir selbst wirksam zu werden. – Ich sehe große Ideale vor mir, aber ihr Sinn ist, daß ich mich selber entwickle, über das hinaus, was ich bisher geworden bin.

‹Strohfeuer-Idealismus› ist immer unbescheiden und fordert in der Regel von anderen, daß sie sich ändern sollten. – Der selbsterworbene Idealismus ist dagegen bescheiden, denn er kann nur langsam realisiert werden, er erfordert, daß ich mich selber ändere. Das bedeutet, daß man auf dem meditativen Erkenntnisweg durch den ‹Strohfeuer-Idealismus› keinen Schritt weiterkommt, denn da entflammt man zwar für geistige Erkenntnisse, aber in Wirklichkeit geschieht gar nichts.

Auf dem wahren Erkenntnisweg muß man immer über sich selbst hinauswachsen, sich selbst wahrnehmen, sich davon absetzen und etwas Neues hinzufügen. – Genau dieselbe Bewegung findet sich in der im ersten Kapitel beschriebenen Rosenkreuzmeditation: Im Bild des schwarzen Kreuzes ist man selbst mit enthalten, alles, was in einem selbst absterben und überwunden werden muß. In den roten aufblühenden Rosen verbirgt sich dagegen dasjenige, was man selbst aus sich macht, über das bisherige hinaus.

Die Rosenkreuzmeditation ist ein Bild für die Entwicklung des werdenden Menschen, sie kann noch mehr sein als nur ein Bild, sie kann als Ausdruck konkreter Lebensrealität empfunden werden.

Der Weg des selbsterworbenen Idealismus führt dazu, daß man sich von sich selbst absetzt, bestimmte Dinge abfallen und dafür Neues aufblühen läßt oder etwas Altes direkt in etwas Neues umwandelt. Es gibt immer Bereiche in einem, die sich umwandeln lassen, aber es gibt auch Dinge, die abfallen müssen. Da stirbt etwas Altes in einem ab, an dessen Stelle dann Neues entstehen kann.

Die beiden Wege ergänzen sich, der Weg der Positivität, den Rudolf Steiner den ‹Gedankenweg› nennt, und der Weg des selbsterworbenen Idealismus, der bei Rudolf Steiner ‹Willensweg› genannt wird. Sie führen beide zu Erfahrungen, von denen im nächsten Kapitel noch näher die Rede sein wird. (Vgl. hierzu auch den Vortrag Rudolf Steiners vom 11. Februar 1919 in dem Band: «Der innere Aspekt des sozialen Rätsels», Gesamtausgabe Bibl.Nr.193.)

Beide Wege können zunächst unabhängig voneinander gegangen werden: Es ist möglich, nur den Weg der inneren Entwicklung, des erworbenen Idealismus zu beschreiten. Wenn man dabei aber die anderen Menschen außer Betracht läßt, dann gerät dieser Weg in die Gefahr der geistigen und menschlichen Verarmung, weil der Weg der Positivität fehlt.

Geht man nur den Weg nach außen, übt man nur Positivität und sucht in den anderen das Positive, ohne sich selbst dabei zu entwickeln, dann bleibt man bald stecken und kommt nicht weiter, es fehlt die eigene Kraft, Hindernisse, Widerstände und Rückschläge positiv zu verwandeln. – Die innere Verstärkung muß in der Richtung nach außen wirksam sein und umgekehrt.

Ähnlich ist es in der schon beschriebenen Entwicklung des kleinen Kindes. Zuerst beginnt es, sich aufzurichten, ganz aus eigener Kraft – das ist die innere Seite. Dann lernt es sprechen. Bliebe es nur in sich, dann würde es nie sprechen lernen. Es muß sich ganz nach außen wenden und auf die Sprache der anderen Menschen hören, dann lernt es selbst, die Sprache zu beherrschen.

Beide Richtungen sind also unvermerkt schon in der frühen Kindheit veranlagt, und sie wirken weiter, wenn der Erwachsene sich auf den meditativen Erkenntnisweg begibt, wo die Entwicklungskräfte der Kindheit in metamorphosierter Form weiter wirken.

4.
Christus-Erfahrungen

Wenn man sich fragt, seit wann, historisch betrachtet, der Mensch den Weg der inneren Entwicklung gehen kann, dann läßt sich für die Menschheit vor etwa 200 Jahren durchaus sagen, daß dieser Entwicklungsweg auch damals möglich war. Auch im Mittelalter war er möglich, wenn auch sicher in etwas anderer Färbung. Sobald wir aber in die vorchristliche Zeit zurückgehen, bemerken wir einen grundlegenden Unterschied. Wir finden in der griechischen Kultur, in der ägyptischen Kultur und in den anderen frühen Hochkulturen zwar auch jene Entwicklungskräfte in der Kindheit und später bei den Erwachsenen in der Initiation, aber sie kommen von außen, aus der sozialen Umgebung, der Gruppe, dem Stamm oder Volk. Davon war der einzelne bis in die griechische Zeit hinein getragen. Die selbständige Urteilsbildung der Individualität war damals noch nicht entscheidend. Das Kollektivbewußtsein des Volksstammes, in dem der einzelne geboren wurde, regelte und führte, was der einzelne zu tun hatte. Insofern waren die Entwicklungskräfte des einzelnen noch ganz aus dem Umkreis und noch nicht im einzelnen wirksam. In die vorchristlichen Mysterienschulen wurden die Schüler nach Maßgabe der leitenden Priester aufgenommen, die stellvertretend für das Kollektiv des Volksstammes wirkten, und nicht durch die suchende Kraft des einzelnen Menschen. Das Persönlichkeitsbewußtsein sollte in den vorchristlichen Mysterienschulen zuerst ausgelöscht werden, damit der einzelne zum Instrument und Organ des Stammes oder Volkes werden konnte. Die Entwicklungskräfte wirkten noch nicht durch das Nadelöhr des individuellen Ichs.

Erst bei Sokrates finden wir jene individuelle Entwicklungskraft, die auch aus ihm selber spricht. An entscheidenden Stellen spricht aber auch er noch von einer überindividuellen Kraft, dem Daimon.(Vgl. hierzu die Schilderungen Platons in seinen Dialogen «Apologie», 31 c f. und «Phaidros», 242 a f.)

Vergleicht man die vorchristlichen Zeugnisse mit denen der nachchristlichen Zeit, dann sieht man, daß sich hier etwas Entscheidendes verändert hat, und das hängt mit dem großen Impuls des Christentums zusammen.

In der Zeitenwende findet jenes Ereignis statt, von dem im Prolog des Johannes-Evangeliums gesagt wird, daß das Wort, das im Urbeginne war und durch das alles entstanden ist, Fleisch geworden ist und unter uns gewohnt hat. – Jetzt ist jene Kraft, durch die alles Entstandene geworden ist, in den einzelnen Menschen angekommen. Von nun ab wirkt das Weltenwort in jedem Menschen in dem schon beschriebenen Pendelschlag zwischen Innen und Außen.

Wenn Menschen zu dem göttlich-schöpferischen Urgrund und Quell der ganzen Welt hinaufschauen, wird das Göttliche als ‹Vater-Gott› bewußt. Der Vater-Gott lebt und wirkt als Urgrund alles Seins in der Welt, tritt aber nicht konzentriert und individualisiert in einen einzelnen Menschen hinein. Gerade dies ist aber das Entscheidende bei dem Christus-Ereignis. Das schöpferische ‹Wort› (Logos), aus dem alles entstanden ist, wohnt seit der Jordantaufe in einem bestimmten einzelnen Menschen, Jesus von Nazareth, der dadurch Jesus Christus wurde, Gottes ‹Sohn› und zugleich ‹Menschen-Sohn›. Durch den Leidensweg und Kreuzestod und die nachfolgende Überwindung des Todes durch die Auferstehung wirkt der Auferstandene seither in die ganze Menschheit und in jeden einzelnen Menschen als Entwicklungskraft hinein, als das wahre Wesen der *Liebe*, die Selbstüberwindung, Opferkraft und Verständnis für die anderen Menschen und für alle Wesen der Welt erzeugen kann. Christus ist als Entwicklungsmöglichkeit in allen Menschen und in der ganzen Menschheit.

In vorchristlicher Zeit, davon sprachen die alten Mysterien, war er auch da, aber er wirkte von außen. Die damaligen Menschen mußten sich, um zu einer höheren Entwicklung zu kommen, nach draußen wenden und wurden von äußeren Kräften, die noch keine individuellen Kräfte waren, getragen. Dann erfolgte die große Umstülpung: Christus zieht in das Ich der einzelnen Menschen ein, wenn der einzelne sich bemüht, ihn zu finden. Er drängt sich nicht auf. – Paulus bezeichnet dieses Geschehen mit den Worten: «Nicht ich, der Christus in mir».

Damit lassen sich die beiden im dritten Kapitel beschriebenen Wege, der Weg nach außen – Positivität – und der Weg nach innen – selbsterworbener Idealismus – noch genauer fassen.

Wenn ich sage: Ich kann den Christus in mir finden, die anderen brauche ich dazu nicht, dann ist das ein Irrtum. Man kann den Christus in sich finden, aber nur, wenn man ihn gleichzeitig in dem anderen Menschen findet. Was geschieht, wenn ein einzelner Mensch den Christus nur in sich selbst sucht, ohne sich für das Wesentliche, was in anderen Menschen lebt, zu interessieren? – Bei vielen religiösen Erfahrungen, die auch Christus-Erfahrungen genannt werden, können diese Neigungen wahrgenommen werden. Ein eventuell ursprünglich echtes Erleben im eigenen Innern findet nicht den Weg, in den konkreten Menschenbegegnungen aufzuleben, wo Christus auch im anderen Menschen wahrgenommen wird, und wird dadurch zu einem reinen Glückserleben mit deutlich egoistischer Färbung.

Es sind zwei Wege, und sie führen beide zu Christus – im anderen Menschen und in der Entwicklungskraft des eigenen Lebens. Beide Wege wirken zusammen zu einem Weg, und erst damit werden sie wahr.

Nun läßt sich dieses anfängliche Erleben, das hier noch ganz gedanklich beschrieben wurde, über mehrere Stufen fortführen.

Zuerst besteht die Möglichkeit, sich dem Christus im Verstehen zu nähern. Es ist ein schrittweises Erfassen der *Christus-Idee*, ihres Wirkens in der Geschichte und in einzelnen Menschen. Das kann sich weiter verdichten und immer deutlicher werden, bis es sich in etwas verwandelt, das ich *Christus-Impuls* nennen möchte. Jetzt beginnt die Idee wirklich zu werden, ist nicht mehr bloß gedacht. Als dritte Stufe ergibt sich schließlich die *Christus-Begegnung*, die erfolgen kann, wenn der Impuls immer wirksamer geworden ist.

Die Christus-Idee mag am Anfang noch sehr blaß sein, weil sie erst nur gedanklich erfaßt werden kann. Man versteht, daß diese Idee groß und umfassend ist, aber sie bleibt längere Zeit nur sehr dünn. Das ist nicht falsch, es ist vielmehr etwas sehr Schönes, daß das Verständnis langsam beginnt, völlig offen lassend, inwiefern jetzt Weiteres kommt.

Die nächste Stufe ergibt sich nur durch die eigene *gesteigerte* Initiative. Nur dadurch verwandelt sich die Idee zum Impuls. Das Bemühen um Verständnis ist nur möglich durch die eigene Initiative. Das Verständnis kann zunächst lange Zeit ohne besondere Konsequenzen für das eigene Leben wie im Hintergrund verbleiben. Im wahren Verständnis liegt aber schon der Keim zum Impuls, denn es will volle Wirklichkeit werden. Aber dieses willensdurchdrungene Verständnis, das zur Existenzfrage geworden ist, kommt nicht von selbst. Es muß durch gesteigerte Initiative errungen werden.

Die Initiative muß aber im Pendelschlag in beide Richtungen, wie oben beschrieben, gehen, nach innen in der Verstärkung der eigenen Entwicklungskräfte und nach außen, wo man hineintaucht in die anderen Menschen. Die Erfahrung des Christus-Impulses, die jetzt beginnt, im eigenen Leben erfaßt, gedacht, gefühlt und gewollt zu werden, bleibt zunächst noch allgemein – nicht dünn, aber allgemein. Es ist eine geistige Kraft, die man sehr genau kennt, aber sie ist noch etwas allgemein. Was bedeutet in diesem Zusammenhang ‹allgemein›?

Ich kann allein in meinem Zimmer sitzen und an die ganze Menschheit denken. Das ist dann allgemein. Das kann konkreter werden, indem ich an einzelne Menschen denke, die ich genauer kenne. Aber sie sind irgendwo, weit weg von mir, vielleicht in einem anderen Land. Dann kann die Tür aufgehen, und ein Freund kommt herein, und ich spreche mit ihm. Jetzt läßt sich diese dritte Stufe mit der ersten vergleichen. Da, wo ich an die ganze Menschheit denke, bleibe ich ganz im Gedanklichen, allgemein, aber die ganze Menschheit ist darin anwesend. Dieses Allgemeine ist also nur im Denken, aber es ist deshalb nicht unwichtig. Der weitere Weg geht vom Allgemeinen zum Besonderen, umgekehrt wie in der Naturwissenschaft. Da geht man von Einzelheiten, die man beobachtet, aus und kommt dann zu allgemeinen Gesetzen. In der Geisteswissenschaft beginnt man beim Allgemeinen und dringt langsam zum Besonderen vor: Erst ist da die ganze Menschheit im Gedanken anwesend, der kann ich nicht konkret begegnen, dann kommt der Freund zur Tür herein, es kommt zur unmittelbaren Begegnung.

In bezug auf die Christuswesenheit ist es genauso. Es kann bei der Stufe der Idee bleiben, und das hat seine volle Berechtigung, das ganze Leben hindurch. Dann kann sich die Idee verdichten und wird zum Christus-Impuls. Aber es kann lange Zeit so sein, daß dieser Impuls einen sehr allgemeinen Charakter behält. Auch das ist nicht falsch, denn hier muß man selber voll mitwachsen können, so daß es sich langsam verdichtet. Dann kommt die Stufe der direkten Begegnung, unmittelbar, wie mit einem Freund.

Die Christus-Wesenheit erscheint dabei nicht in derselben Weise als physisch-sinnliche Menschengestalt, wie sie in Jesus von Nazareth vor bald zweitausend Jahren lebte. Christus erscheint aber in dieser Begegnung genauso konkret anwesend wie ein physisch erscheinender Freund, der mich besucht. Der Eindruck des Erlebens ist ganz deutlich: Er wird dadurch erlebt, daß *er* mich sieht, daß also ich von ihm *gesehen* werde, und daß ich dies bewußt mitvollziehen, miterleben kann. Er lebt dann in mir.

Wenn nur eine Vision erfolgt, die wie eine physische Erscheinung anmutet, wo etwa eine Lichtgestalt gesehen wird, ist dies entweder etwas ganz anderes, oder es ist eine Vorstufe zu der eigentlichen Begegnung des ‹Gesehen-Werdens›. Obwohl die Christus-Begegnung sich als rein seelisch-geistige Wesens-Begegnung vollzieht, ist sie dennoch so konkret verdichtet, daß sie wie am Rand des Physisch-Sinnlichen erscheint, in einem bestimmten Augenblick, an einem bestimmten Tag.

Diese Begegnung verläuft bei verschiedenen Menschen auf jeweils ganz individuelle Weise. Aber in der Regel ist es so, daß diese Begegnung erst dann stattfindet, wenn bei einem Menschen furchtbare Schwierigkeiten aufgetreten sind, wo er durch einen Nullpunkt hindurch muß. Ähnlich wie in dem Bild der Rosenkreuzmeditation das schwarze Kreuz einen Durchgangspunkt darstellt, so erreicht man im Leben vielleicht einen absoluten Todespunkt, wo nichts mehr zu gehen scheint. An der Grenze der Verzweiflung und der vollständigen Ohnmacht, wo man am liebsten aufgeben würde, Schluß machen mit dem eigenen Leben – wenn ein Mensch das aushält und durchzudringen versucht, da kann es geschehen, daß der Christus plötzlich anwesend ist, wie ein Freund, unmittelbar wahrnehmbar im Augenblick. So heißt es bei Angelus Silesius:

> Das Kreuz von Golgatha
> kann dich nicht von dem Bösen,
> Wo es nicht auch in dir
> wird aufgericht't, erlösen.

Dieser Augenblick, von dem viele Menschen immer wieder berichten, besonders aus Zeiten der äußeren Not, des Krieges usw., bildet wiederum nur einen Anfang. Wenn man glauben würde, damit wäre ein höchstes Ziel erreicht, eine letzte Glücksstufe, dann wäre man sicher im Irrtum. Es muß der Anfang eines neuen Weges sein, sonst verflüchtigt sich das Erlebnis wieder.

Eine entscheidende Frage bei dieser Christus-Begegnung ist nun, ob diese nur nach langjährigen meditativen Erkenntnisbemühungen möglich ist, nachdem man Stufe für Stufe durchgegangen ist: Rosenkreuzmeditation, Gedankenkontrolle, biographische Rückschau usw. Das ist nicht der Fall. Diese Begegnung kann ohne jede vorausgehende Meditation auftreten, bei jedem Menschen und im unerwartetsten Augenblick. Wie verhält sich dann aber die Christus-Begegnung zum meditativen Erkenntnisweg?

Die Begegnung läßt sich nicht erzwingen, so wie ich einen Freund nicht zwingen kann, mich zu besuchen. Es ist die Initiative der Christus-Wesenheit, inwiefern sie zu mir kommen will. Es ist eine Gnade, wenn die Begegnung stattfindet. Und sie kann bei mehreren Menschen gleichzeitig stattfinden, denn der Christus ist so umfassend, daß er gleichzeitig bei diesem und bei jenem Menschen erscheinen kann.

Wenn man sich nun vorher intensiv bemüht hat, den doppelten Weg der meditativen Erkenntnis, nach innen und nach außen, zu gehen, dann ist man auf den Moment einer solchen Wesensbegegnung vorbereitet. Der meditative Erkenntnisweg unterstützt das Verständnis und die Weiterarbeit an dieser Quelle. Die vorher nur undeutlich empfundene innere Entwicklungskraft, die in dem kleinen Kinde wirkt, die in jeder Meditation wirksam ist und die auch in der eigenen Biographie in dem Verhältnis zu anderen Menschen erlebt werden kann – die dann auch durch die Positivität nach außen hin verspürt wird –, sie bekommt jetzt wesenhafte Gestalt. Man kennt die Qualität und weiß sofort, worum es sich handelt, so daß man nicht in Versuchung kommt, sich jetzt beglückt zu fühlen und die Hände in den Schoß zu legen. Die Begegnung selbst aber läßt sich nur vorbereiten, nicht erzeugen.

Ein solches Ereignis, das im Lebenslauf zu jedem Zeitpunkt ungefähr ab dem 18. Lebensjahr eintreten kann, bleibt dann für das ganze weitere Leben wirksam. Es rückt mit fortschreitender Zeit nicht weiter weg, sondern es bleibt immer anwesend, wenn man sich nur darauf besinnt. Die Zeit wird zum geistigen Raum, so daß das Vergangene unmittelbar gegenwärtig bleibt und der eigenen Lebensführung immer wieder neue Kräfte zuführt.

Dabei kann immer wieder geprüft werden: Habe ich mich jetzt verirrt? Denn jeder Mensch hat immer die Möglichkeit sich zu verirren. Er kann zu selbstbezogen sein und abweichen von der Wahrheit; er spürt dann, daß das Christus-Erlebnis schattenhaft wird, sich im Bewußtsein etwas zurückzieht. Es verschwindet nie ganz, aber es kann durch Abirrungen verschleiert werden. Deshalb muß dieses Erlebnis in der unmittelbaren, praktischen Lebenssituation immer wieder neu gefunden werden.

Damit haben wir das Gebiet der Christus-Erfahrungen natürlich nur angedeutet, so weit das in dieser Form möglich ist.

Es sollte mit diesen Ausführungen der Zusammenhang des meditativen Erkenntnisweges der Anthroposophie mit den Erfahrungen der Christus-Nähe aufgezeigt werden. Sie kann, wenn sie wirklich gesucht wird, diesen Erkenntnisweg in allen seinen Stufen, wie sie im Vorangehenden beschrieben wurden, begleiten.

falter

In der Lösung von Rätseln, die uns die eigene Seele aufgibt, entfaltet sich das Geheimnis der menschlichen Freiheit.

4

Lebenskrisen

Zwölf Schritte zu ihrer Bewältigung

Julian Sleigh

Die Ausgangssituation/1. Die Tatsachen erkennen/ 2. Die Ursachen erforschen/3. Das Gegenwärtige akzeptieren/4. Nach dem Sinn fragen/ 5. Sich nach innen wenden/6. Einen Entschluß fassen/ 7. Einen Plan festlegen/8. In die Zukunft blicken

5

Meditation und Christus-Erfahrung

Wege zur Verwandlung des eigenen Lebens

Jörgen Smit

Der Beginn eines Erkenntnisweges/Die meditative Verarbeitung der eigenen Biographie/Praktische Gesichtspunkte/Der Weg zum höheren Selbst/ Selbsterworbener Idealismus/Christus-Erfahrungen

6

Das Leben meistern

Zur Praxis des achtgliedrigen Pfads

Adam Bittleston

Autofahren und Charakter/Reden in der Familie/ Alter und Schicksal/ Lebensberatung und geistige Entwicklung

VERLAG FREIES GEISTESLEBEN